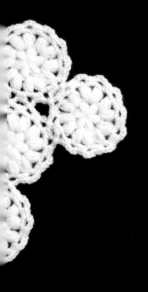

かぎ針で編む
モチーフ
106

モチーフは
1枚だけでもかわいらしい形になり、
コースターやミニドイリー、
アクセセリーとしても楽しめますが、
編みつなぐことで、
バッグやひざ掛け、ショールなど
さらに素敵な作品が作れます。
この本では、いろいろな形の
モチーフパターンを紹介します。
好きなデザインが決まったら、
1枚編んでみましょう。
素材や色はお好みに合わせて。
段毎に色を替えてみるのも
楽しいでしょう。

1枚編めたら、
つなぎ方のバリエーションと
応用作品のページを参考に
つなぎ合わせてみましょう。
好きなモチーフを選んで
あなたのアイデアでオリジナル作品を
お楽しみください。

Contents

1

モチーフ編み

モチーフ編みって？

この本で紹介するモチーフは、

かぎ針1本と毛糸があればどこでも手軽に作れる手芸です。

形は丸、四角、三角、花などさまざまですが、

編み地の表を見ながらくるくると繰り返しの模様で編めるので、

編み物ははじめて、という方にも

編みやすいデザインがいっぱいです。

1枚は少ない段数で完成。

お休み前のひとときや、おうち時間に手作りを楽しみたい、

という方にもおすすめです。

かぎ針ってどんな針？

かぎ針の先端は、糸がかけやすいように曲がっています。

糸をかけて引き抜くことで編み目ができます。

竹製や、金属製など素材や形状は異なりますが、

はじめての方は、持ちやすいようにグリップ付きがおすすめです。

グリップ付きは握るときに力が入りすぎることなく、

楽に握れて疲れません。

実際に手に持ってみて、持ちやすい針を選びましょう。

サイズを選ぶときは毛糸のラベルに記載されている

適性の針の号数を参考にしてください。

かぎ針は2/0号から10/0号まであり、

数字が大きくなるほど太くなります。

それ以上の太さはジャンボ針と呼び、

7ミリ、8ミリ、10ミリなどがあります。

それに対して、0号よりも細い針をレース針と呼び、

0〜14号まであります。

かぎ針とは反対に数字が大きくなるほど細くなります。

針の太さは軸の直径で決まります。

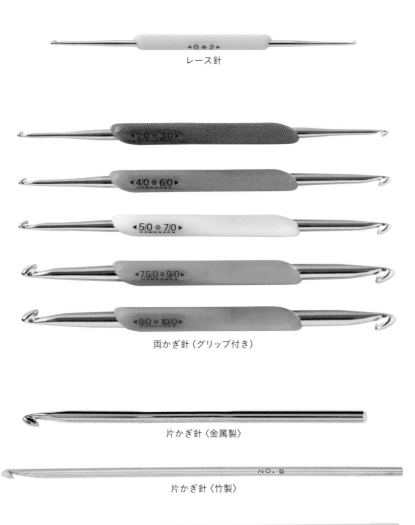

レース針

両かぎ針（グリップ付き）

片かぎ針〈金属製〉

片かぎ針〈竹製〉

ジャンボ針

2
いろいろな形のモチーフ

どんな形が編めるの？

モチーフの形にはもっともスタンダードな
円形、四角、三角、六角、八角のほか、
花や、雪の結晶、多角形などさまざま。
編み方もフラットなデザインから、
立体になるものなどがあります。
この本のモチーフは
主に中細タイプから合太、並太タイプの糸を使い、
1枚の大きさは12cm以内の小さなモチーフです。
写真は実物を縮小してありますが、
それぞれのモチーフに使った糸と針、サイズを
記載しましたので、編むときの参考にしてください。
色は白、ホワイト系などで編んでいますが、
好きな色で自由に編みましょう。
はじめにスタンダードな形のモチーフを紹介します。

Standard motif

round motif

丸い
モチーフ

1

2

3

4

Design：風工房
Yarn： **1・4** ハマナカ アメリーエフ《合太》
　　　 2・3 ハマナカ 純毛中細
How to make ⇒ p.12・13

10

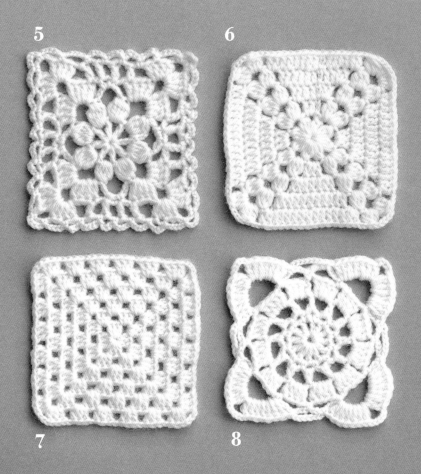

5   6

7   8

Design：風工房
Yarn： 5・8 ハマナカ アメリーエフ《合太》
　　　 6・7 ハマナカ 純毛中細
How to make ⇒ p.14・15

no. **1**

糸…ハマナカ アメリーエフ《合太》　　針…3/0号かぎ針　　モチーフの大きさ…直径8㎝

no. **2**

糸…ハマナカ 純毛中細　　針…3/0号かぎ針　　モチーフの大きさ…直径8㎝

no. 3

糸…ハマナカ 純毛中細　　針…3/0号かぎ針　　モチーフの大きさ…直径8㎝

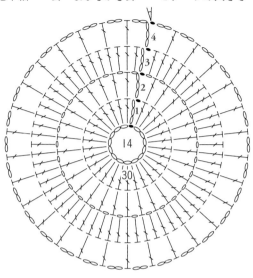

no. 4

糸…ハマナカ アメリーエフ《合太》　　針…3/0号かぎ針　　モチーフの大きさ…直径8㎝

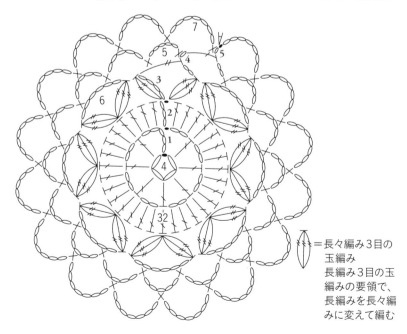

=長々編み3目の
玉編み
長編み3目の玉
編みの要領で、
長編みを長々編
みに変えて編む

no. **5**

糸…ハマナカ アメリーエフ《合太》　　針…3/0号かぎ針　　モチーフの大きさ…8.5cm角

no. **6**

糸…ハマナカ 純毛中細　　針…3/0号かぎ針　　モチーフの大きさ…直径8.5cm角

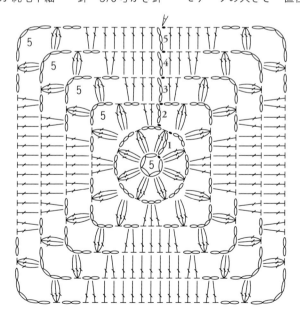

no. **7**

糸…ハマナカ 純毛中細　　針…3/0号かぎ針　　モチーフの大きさ…8cm角

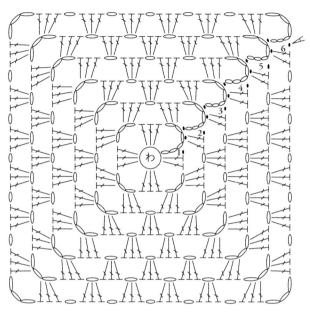

no. **8**

糸…ハマナカ アメリーエフ《合太》　　針…3/0号かぎ針　　モチーフの大きさ…8cm角

triangle motif

三角
モチーフ

9

10

11

12

Design：サイチカ
Yarn： ハマナカ エクシードウール FL《合太》
How to make ⇒ 9・10 p.17　　11・12 p.37

no. 9

糸…ハマナカ エクシードウール FL《合太》　　針…5/0号かぎ針
モチーフの大きさ…一辺が8㎝

no. 10

糸…ハマナカ エクシードウール FL《合太》　　針…5/0号かぎ針
モチーフの大きさ…一辺が8㎝

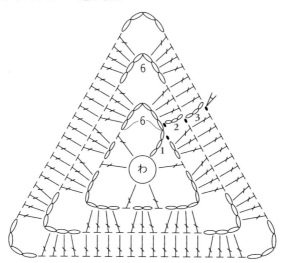

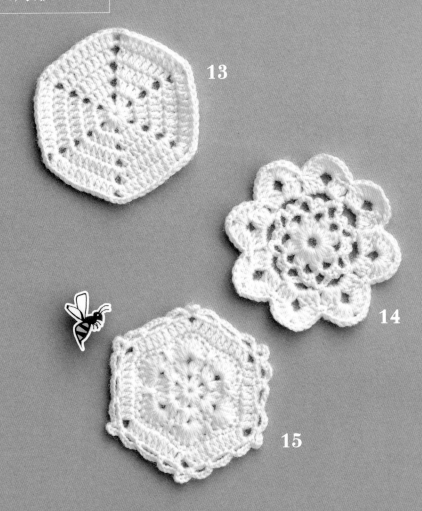

hexagon &
octagon motif

六角形&
八角形

13

14

15

Design：風工房
Yarn： ハマナカ 純毛中細
How to make ⇒ p.20

18

16

17

18

Design：河合真弓
Yarn： **16・17**ハマナカ 純毛中細
　　　18ハマナカ アメリー
How to make ⇒ p.21

no. 13

糸…ハマナカ 純毛中細
針…3/0号かぎ針
モチーフの大きさ…一辺が4cm

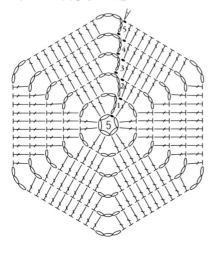

no. 14

糸…ハマナカ 純毛中細
針…3/0号かぎ針
モチーフの大きさ…一辺が4cm

※5段めのこま編み(X)は前段の
　目と目の間に編む

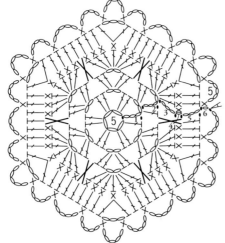

※4段めのこま編み(X)は2段めの目と目の間に編む

no. 15

糸…ハマナカ 純毛中細
針…3/0号かぎ針
モチーフの大きさ…一辺が4cm

20

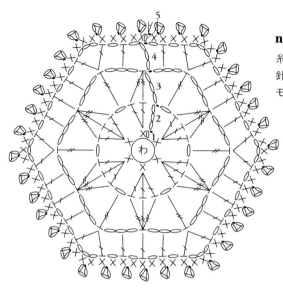

no. 16

糸…ハマナカ 純毛中細
針…3/0号かぎ針
モチーフの大きさ…一辺が5㎝

$\Uparrow$=長々編み3目一度
長編み3目一度の
要領で、長編みを
長々編みに変えて編む

no. 18

糸…ハマナカ アメリー
針…5/0号かぎ針
モチーフの大きさ…一辺が6.5㎝

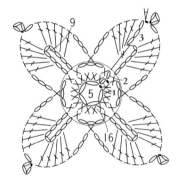

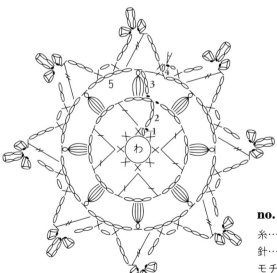

no. 17

糸…ハマナカ 純毛中細
針…3/0号かぎ針
モチーフの大きさ…8㎝×8㎝

polygon motif

多角形

19

20

Design：遠藤ひろみ
Yarn： ハマナカ アメリーエフ《合太》
How to make ⇒ p.24・25

21

22

23

no. **19**

糸…ハマナカ アメリーエフ《合太》　　針…4/0号かぎ針　　モチーフの大きさ…直径7㎝

no. **20**

糸…ハマナカ アメリーエフ《合太》　　針…4/0号かぎ針　　モチーフの大きさ…直径5㎝

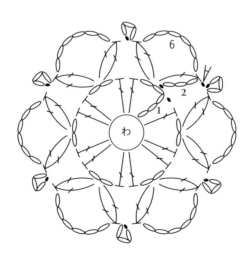

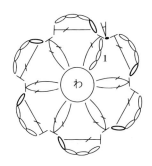

no. 21

糸…ハマナカ アメリーエフ《合太》
針…4/0号かぎ針
モチーフの大きさ…直径3㎝

※長編みはくさり目1目に
　編む

no. 22

糸…ハマナカ アメリーエフ《合太》
針…4/0号かぎ針
モチーフの大きさ…直径4.5㎝

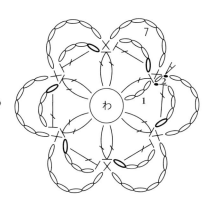

※1段めの長編みは
　くさり1目に編む

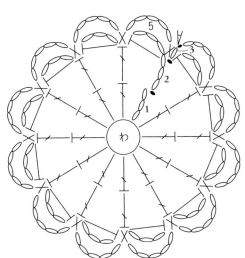

no. 23

糸…ハマナカ アメリーエフ《合太》
針…4/0号かぎ針
モチーフの大きさ…直径5.5㎝

※2段めの中長編みは、立ち上がりの
　くさり編み、もしくは長編みの頭に
　編む

24

25

26

Design：岡本啓子
Yarn： ハマナカ アメリーエフ《合太》
How to make ⇒ p.27

no. 24

糸…ハマナカ アメリーエフ《合太》
針…5/0号かぎ針
モチーフの大きさ…直径8㎝

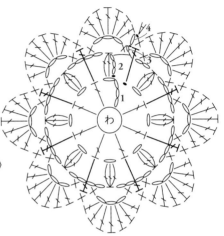

no. 25

糸…ハマナカ アメリーエフ《合太》
針…5/0号かぎ針
モチーフの大きさ…直径7.5㎝

※3段めの長編みは2段めを編みくるみながら
　1段めの長編みに編む

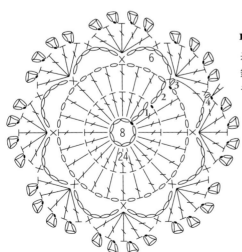

no. 26

糸…ハマナカ アメリーエフ《合太》
針…5/0号かぎ針
モチーフの大きさ…直径8.5㎝

polygon motif

多角形

27

28

Design：橋本真由子
Yarn： **27** ハマナカ アメリー
 28 ハマナカ アメリーエフ《合太》
How to make ⇒ p.29

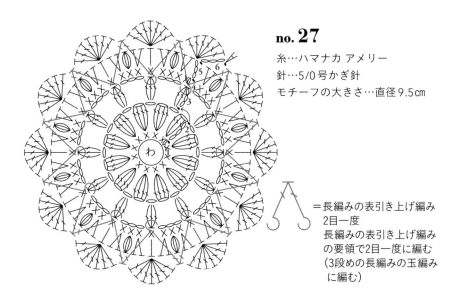

no. 27

糸…ハマナカ アメリー
針…5/0号かぎ針
モチーフの大きさ…直径9.5㎝

=長編みの表引き上げ編み
　2目一度
　長編みの表引き上げ編み
　の要領で2目一度に編む
　（3段めの長編みの玉編み
　に編む）

no. 28

糸…ハマナカ アメリーエフ《合太》
針…4/0号かぎ針
モチーフの大きさ…一辺が5㎝

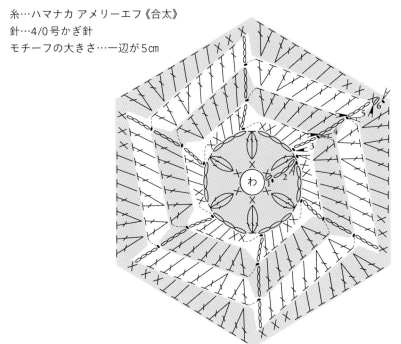

snowflake
motif

雪の結晶

29

30

31

Design： 岡本啓子
Yarn： ハマナカ アメリーエフ《合太》
How to make ⇒ p.31

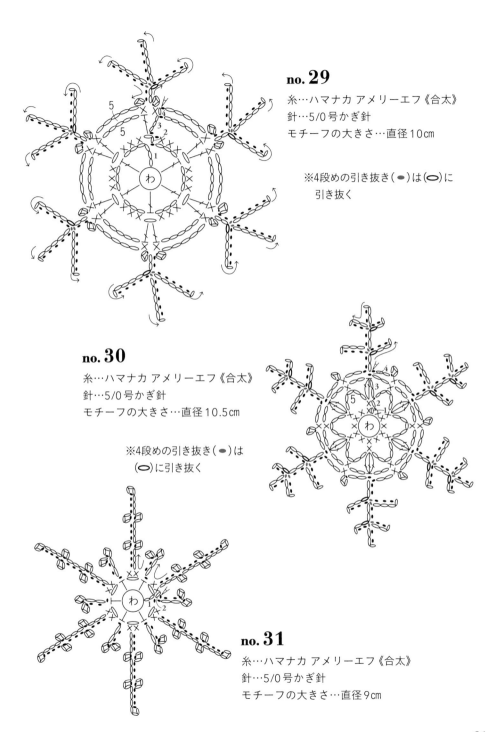

no. 29
糸…ハマナカ アメリーエフ《合太》
針…5/0号かぎ針
モチーフの大きさ…直径10㎝

※4段めの引き抜き(●)は(○)に
引き抜く

no. 30
糸…ハマナカ アメリーエフ《合太》
針…5/0号かぎ針
モチーフの大きさ…直径10.5㎝

※4段めの引き抜き(●)は
(○)に引き抜く

no. 31
糸…ハマナカ アメリーエフ《合太》
針…5/0号かぎ針
モチーフの大きさ…直径9㎝

色を替えると違って見える

左の写真と右の写真は同じ編み方です。
編む段の色の組み合わせを替えると違った模様に見えてくるから不思議。

32

Design：lunedi777
Yarn： ハマナカ 純毛中細
How to make ⇒ p.36

33

色を替えると違って見える

33

Design：lunedi777
Yarn： ハマナカ 純毛中細
How to make ⇒ p.36

no. 32

糸…ハマナカ 純毛中細
針…3/0号かぎ針
モチーフの大きさ…直径5.5㎝

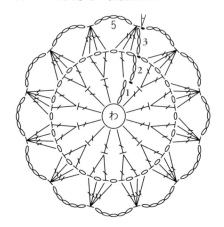
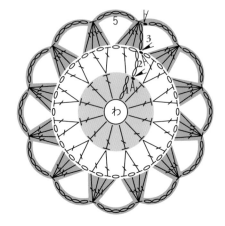

※1、2段めが同色の場合は糸を切らずに
　続けて編む

no. 33

糸…ハマナカ 純毛中細
針…3/0号かぎ針
モチーフの大きさ…一辺が3.5㎝

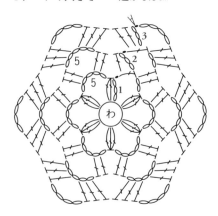
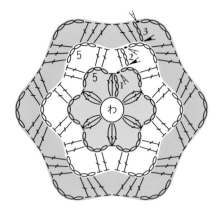

no. 11

糸…ハマナカ
　　　エクシードウール FL《合太》
針…5/0号かぎ針
モチーフの大きさ…一辺が7㎝

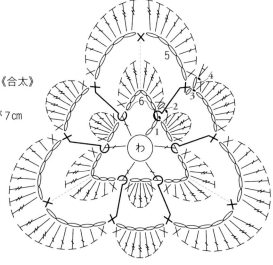

✕ =こま編みの裏引き上げ編み
　（前段を手前に倒し、1段めの長編みに編む

※3段めのこま編み（✕）は前段を手前に倒し、
　1段めのくさり編みを束にすくって編む

no. 12

糸…ハマナカ
　　　エクシードウール FL《合太》
針…5/0号かぎ針
モチーフの大きさ…一辺が8.5㎝

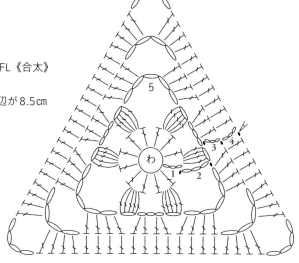

※2段めのパプコーン編みは前段の目と目の間に編む

3

モチーフを1枚編んでみましょう

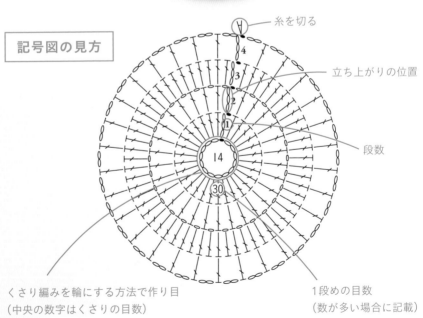

記号図の見方

糸を切る

立ち上がりの位置

段数

くさり編みを輪にする方法で作り目
（中央の数字はくさりの目数）

1段めの目数
（数が多い場合に記載）

くさり編みを輪にする方法

モチーフ編みの編み始めには大きく分けて
「くさり編みを輪にする方法」と
「糸端を輪にする方法」の２種類があります。
はじめに「くさり編みを輪にする方法」の編み方を
no.3（p.13）のモチーフを使ってレッスンしましょう。
他のモチーフを編むときは、くさりの目数や1段めの記号の編み方は、
それぞれの編み図どおりに編んでください。

くさり編みを輪にする方法 　※目数は作品とは異なります。

1

端の目

くさり編みを編む

2

必要目数

必要目数のくさりを編む。
2目めに針を入れる

3

糸をかけて引き抜く

4

立ち上がりの
くさりを編む

5

立ち上がり

続けて1段めを編む。
端の糸も一緒に
すくって編むと糸始末
も同時にできる

6

必要な目数が編めたら、
1目め（ここでは立ち上がりの
3目め）に引き抜き、輪にする

くさり編みを輪にする方法 ※no.3のモチーフで解説します。

作り目

1 くさり編みを14目編む。矢印のように1目め（端の目は数えない）に針を入れる。

2 針に糸をかけ矢印のように引き抜く。

1段め

3 くさり編みがつながって輪ができた。立ち上がりのくさり編み3目を編む。

4 続けて1段めを編む。針に糸をかけ、矢印のように輪の中に針を入れる。

5 針に糸をかけ、矢印のように引き出し、長編みを編む。

6 同じ要領でくさりの輪の中に針を入れて長編みをあと28目編む。

7 長編みが編めた。立ち上がりのくさり編み3目めに針を入れて糸をかけて引き抜く。

8 1段めが編めた。

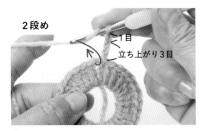

2段め

1目
立ち上がり3目

9 立ち上がりの3目と模様のくさり編み1目を編む。針に糸をかけ、矢印のように針を入れて長編みを編む。

10 長編みが1目編めた。

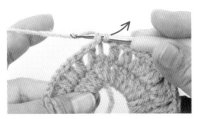

11 くさり編み1目と長編み1目を交互に編み進み、最後は矢印のように針を入れて引き抜く。

12 2段めが編めた。

3段め

立ち上がり3目

13 立ち上がりのくさり編み3目を編み、針に糸をかけて矢印のようにくさり編みを束にすくって長編みを編む。

14 次の目は矢印のように前段の長編みの頭をすくって長編みを編む。

15 13、14の要領で編み進み、最後は立ち上がり3目めに引き抜く。

4段め

16 立ち上がりのくさり編み3目と模様のくさり編み2目を編み、長編み1目、くさり編み2目を交互に編んで1周する。完成。

41

記号図の見方

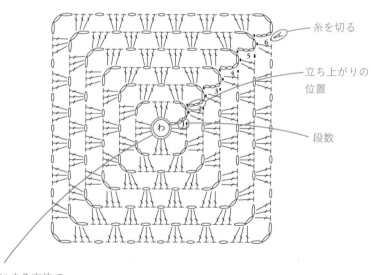

糸を切る

立ち上がりの
位置

段数

糸端を輪にする方法で
作り目

糸端を輪にする方法

「糸端を輪にする方法」の編み方を
no.7（p.15）のモチーフを使ってレッスンしましょう。
他のモチーフを編むときは、1段めの記号の編み方や目数は
それぞれの編み図どおりに変えて編んでください。

糸端を輪にする方法（2回巻き） ※編み方は作品とは異なります 。

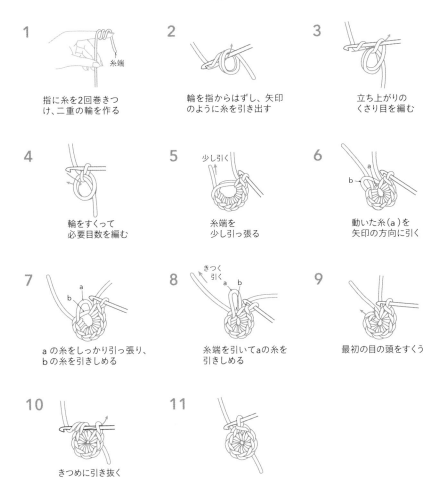

1 指に糸を2回巻きつけ、二重の輪を作る
糸端

2 輪を指からはずし、矢印のように糸を引き出す

3 立ち上がりのくさり目を編む

4 輪をすくって必要目数を編む

5 少し引く
糸端を少し引っ張る

6 a
b→
動いた糸（a）を矢印の方向に引く

7 a
b
aの糸をしっかり引っ張り、bの糸を引きしめる

8 きつく引く a b
糸端を引いてaの糸を引きしめる

9 最初の目の頭をすくう

10 きつめに引き抜く

11

糸端を輪にする方法（2回巻き） ※no.**7**のモチーフで解説します。

作り目

1 指に糸を2回巻きつけて二重の輪を
　作る。

2 輪を指からはずし、輪の中に針を入
　れ、矢印のように針に糸をかけて引
　き出す。

3 立ち上がりのくさり編み3目と模様
　のくさり編み3目を編む。

1段め

4 続けて1段めを編む。針に糸をかけ、
　矢印のように輪をすくって針を入れる。

5 針に糸をかけて引き出し、長編みを
　編む。

6 長編み1目が編めた。同じ要領で輪
　をすくって長編みとくさり編みを編む。

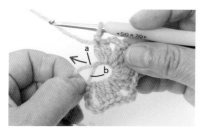

7 1周編んだら、糸端を少し引っ張り、
　動いた糸 a を矢印の方向にしっかり
　引いて、b の糸を引きしめる。

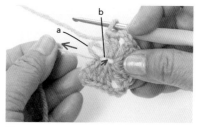

8 b の糸をしっかり引きしめてから、
　糸端を引いて a を引きしめる。

9 立ち上がりのくさり編み3目めに矢印のように針を入れる。

10 針に糸をかけて矢印のように引き抜く。

11 1段めが編めた。

12 1段めのくさり編み2目に引き抜き、立ち上がりの位置を移動する。

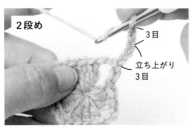

13 2段めを編む。立ち上がりのくさり編み3目と模様のくさり編み3目を編む。

14 1段めのくさり編みを束にすくって長編みを編む。

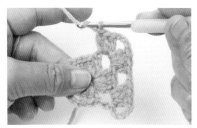

15 同じ要領で前段のくさり編みを束にすくって長編みを編み、編み図のとおり長編みとくさり編みを繰り返す。

16 完成。

4

花のモチーフと立体モチーフ

34

flower motif

35

36

Design：河合真弓
Yarn： **34** ハマナカ 純毛中細
35 ハマナカ アメリー
36 ハマナカ アメリーエフ《合太》
How to make ⇒ p.47～49

人気の花や立体モチーフを集めました。

引き上げ編みのテクニックや、編み方をちょっと工夫するだけで、

ボリュームのある立体モチーフになります。

かわいい花のモチーフは1枚でアクセサリーにしても楽しめます。

no.34

糸…ハマナカ 純毛中細
針…3/0号かぎ針
モチーフの大きさ…7.5㎝角

※4段めのこま編みは3段めを手前に倒し、2段めに編む
（p.69参照）

no. 35

糸…ハマナカ アメリー
針…5/0号かぎ針
モチーフの大きさ…7.5㎝角

※2段めの引き抜き編み(●)は1段めの頭の手前の糸1本に編み、
　3段めの引き抜き編み(●)は1段めの頭の向こう側の糸1本に編む

no. 36

糸…ハマナカ
　　アメリーエフ《合太》
針…3/0号かぎ針
モチーフの大きさ…7.5cm角

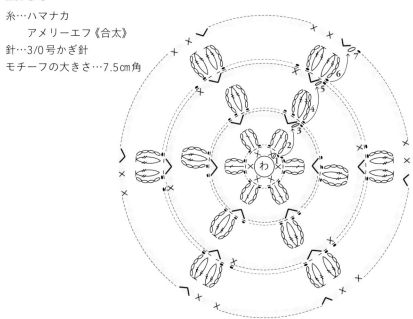

∨＝ꓥ こま編み2目編み入れる

※2、4、6段めは前段の頭の手前1本に編み、
　3、5、7段めは前段を手前に倒し、前々段の残った向こう側1本に編む

8～10段めの編み方

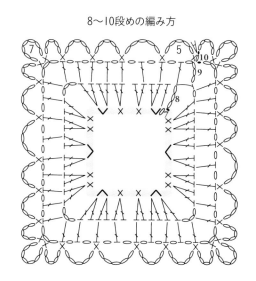

flower motif

37

38

39

Design： 遠藤ひろみ
Yarn： ハマナカ アメリーエフ《合太》
How to make ⇒ p.<u>52</u>・<u>53</u>

40

41

42

Design：岡本啓子
Yarn： ハマナカ アメリーエフ《合太》
How to make ⇒**40**・**41** p.54・55　**42** p.58

no. 37

糸…ハマナカ
　　アメリーエフ《合太》
針…4/0号かぎ針
モチーフの大きさ…一辺が4㎝

本体の編み方

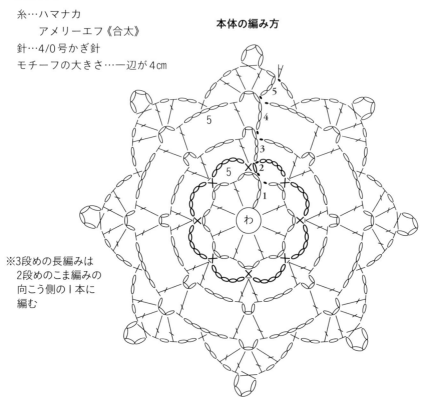

※3段めの長編みは
　2段めのこま編みの
　向こう側の1本に
　編む

飾りの編み方

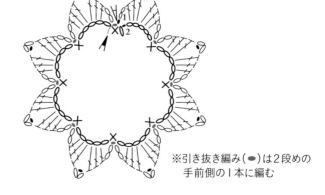

※引き抜き編み（●）は2段めの
　手前側の1本に編む

no.38

糸…ハマナカ
　　アメリーエフ《合太》
針…4/0号かぎ針
モチーフの大きさ…8㎝角

※2段めは1段めを手前に倒して編む

no.39

糸…ハマナカ
　　アメリーエフ《合太》
針…4/0号かぎ針
モチーフの大きさ…一辺が5㎝

※4段めの立ち上がりは一度1段め
のこま編み(×)に引き抜いてから編む
※4段めの長編み(┬)は2、3段を手
前に倒し、1段めのこま編み(×)に編む
※5段めのこま編み(×)は3段めの
くさり編み(◠◠)に編む

53

no. 40

糸…ハマナカ アメリーエフ《合太》
針…5/0号かぎ針
モチーフの大きさ…直径9cm

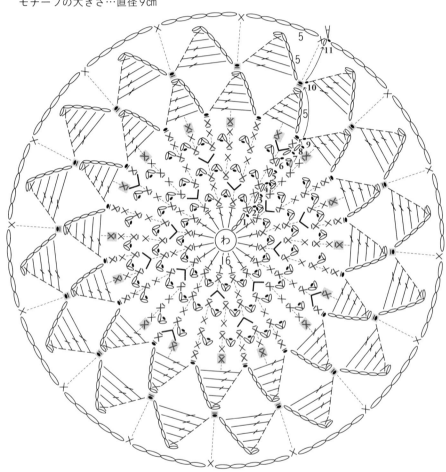

$\vee$ = $\underset{}{\vee}$ こま編み2目編み入れる

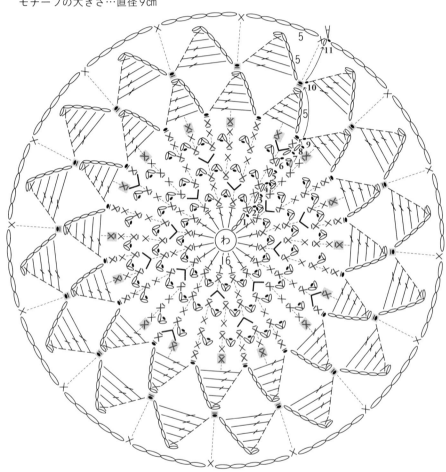 =くさり2目のピコット

$\times$ =前段の手前の糸1本に編みつける

※3、5、7段めは前段を手前に倒し、前々段の残った1本に編みつける
※9段めの引き抜き編み（●）は8段めの手前の1本に編む
※10段めの引き抜き編み（●）は前段を手前に倒し、8段めの手前の1本（X）に編む
※11段めのこま編みは9、10段めを手前に倒し、8段め（X）の残った1本に編む

no. 41

糸…ハマナカ アメリーエフ《合太》
針…5/0号かぎ針
モチーフの大きさ…直径9㎝

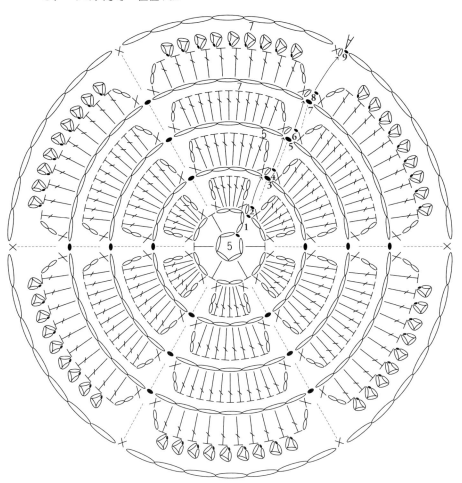

※3、5、7段めの引き抜き編みと9段めのこま編みは
前段の目と目の間に編む

43

44

Design：橋本真由子
Yarn： ハマナカ アメリーエフ《合太》
How to make ⇒ p.59〜61

45

46

no. 42

糸…ハマナカ アメリーエフ《合太》
針…4/0号かぎ針
モチーフの大きさ…直径9cm

※2段め、4段めの長々編みはそれぞれ1段め、3段めの長編みの柱に
　編む
※2段め、4段めの編み終わりは、ピコットを編んでから立ち上がりの
　目に引き抜き、さらにくさり編み4目編んで1段め、3段めに引き抜く
※5段めの長々編みは前段を手前に倒し、3段めのくさり編みに編む
※5段めの編み終わりも立ち上がりに引き抜いてからくさり編み4目
　を編み、3段めに引き抜く
※6段めのこま編みは前々段、前段を手前に倒し、3段めに編む

no. 43

糸…ハマナカ アメリーエフ《合太》
針…4/0号かぎ針
モチーフの大きさ…直径9㎝

※3段め、4段めは矢印の順に編む

no. 44

糸…ハマナカ
　　アメリーエフ《合太》
針…4/0号かぎ針
モチーフの大きさ…直径8㎝

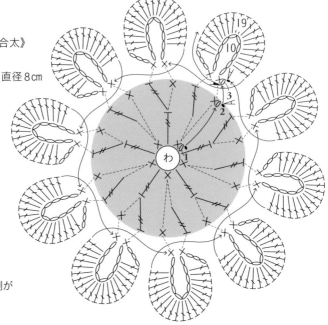

※3段めはねじれて裏側が
　表側になる

no. 46

糸…ハマナカ
　　アメリーエフ《合太》
針…4/0号かぎ針
モチーフの大きさ…直径8㎝

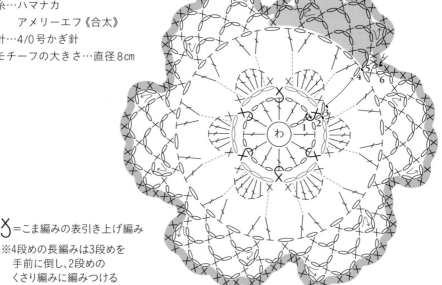

=こま編みの表引き上げ編み

※4段めの長編みは3段めを
　手前に倒し、2段めの
　くさり編みに編みつける
※5段めは3段分を往復に編む

no. **45**

糸…ハマナカ アメリーエフ《合太》
針…4/0号かぎ針
モチーフの大きさ…直径8.5㎝

$\bigvee$ = $\underset{}{\bigvee\!\!\!/}$　こま編み2目編み入れる

※前段を手前に倒し、2段めは1段めに、4段めは3段めに、6段めは4段めに編みつける

flower motif

47

48

49

Design：サイチカ
Yarn：ハマナカ エクシードウール FL《合太》
How to make ⇒ p.63

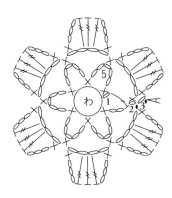

no. 47

糸…ハマナカ
　　エクシードウール FL《合太》
針…5/0号かぎ針
モチーフの大きさ…直径6cm

no. 48

糸…ハマナカ
　　エクシードウール FL《合太》
針…5/0号かぎ針
モチーフの大きさ…直径8cm

no. 49

糸…ハマナカ
　　エクシードウール FL《合太》
針…5/0号かぎ針
モチーフの大きさ…直径8cm

50

51

Design：橋本真由子
Yarn： **50・51** ハマナカ アメリー
       52・53 ハマナカ アメリーエル《極太》
How to make ⇒ p.66・67

52

53

no.50
no.51

糸…ハマナカ アメリー　　針…5/0号かぎ針
モチーフの大きさ…**no.50** 一辺が3.6㎝　**no.51** 一辺が5.2㎝

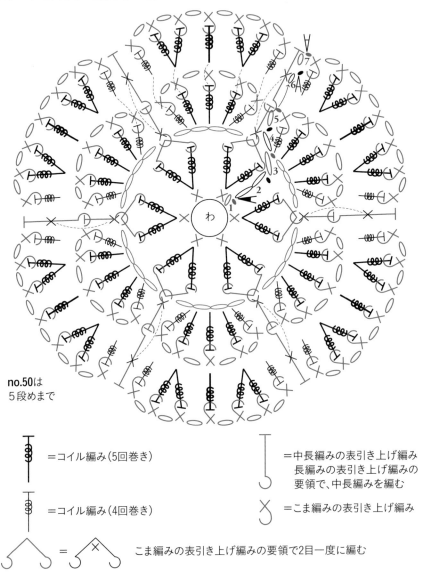

no.50は
5段めまで

〔 =コイル編み（5回巻き）

〔 =コイル編み（4回巻き）

＝ =中長編みの表引き上げ編み
長編みの表引き上げ編みの
要領で、中長編みを編む

✕ =こま編みの表引き上げ編み

⋀ = ⋀ こま編みの表引き上げ編みの要領で2目一度に編む

※6段めのコイル編みは、前段を手前に倒し、4段めのコイル編みに、
　6段めのこま編みは4段めのこま編みに編む
※1段め、3段め、5段め、7段めはブルーで、2段め、4段め、6段めは
　オフホワイトで編む

66

no. 52

糸…ハマナカ アメリーエル《極太》　　針…10/0号かぎ針　　モチーフの大きさ…直径9㎝

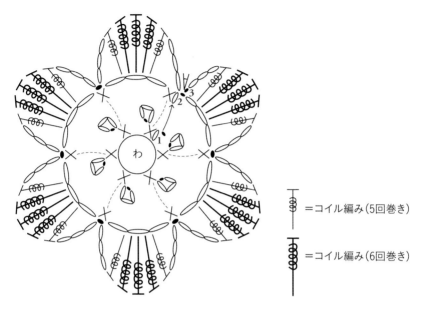

⚬⚬⚬ =コイル編み（5回巻き）

⚬⚬⚬⚬⚬⚬ =コイル編み（6回巻き）

no. 53

糸…ハマナカ アメリーエル《極太》　　針…10/0号かぎ針　　モチーフの大きさ…幅9㎝

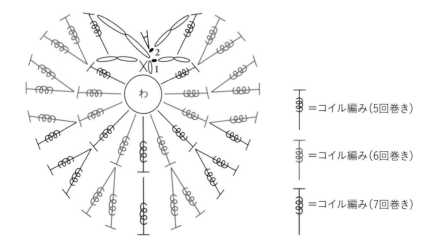

⚬⚬⚬ =コイル編み（5回巻き）

⚬⚬⚬ =コイル編み（6回巻き）

⚬⚬⚬ =コイル編み（7回巻き）

コイル編み（5回巻き）の編み方

※no.**50**、**51**のモチーフで解説します。
※巻く回数が違っても同じ要領で編みます。

1 立ち上がりのくさり編み2目を編み、針に糸を5回巻きつける。

2 1段めのこま編みの頭に針を入れ、針に糸をかけて矢印のように引き出す。

3 引き出した糸を立ち上がりのくさり編み2目と同じ高さまでのばす。

4 1で巻いた糸を1本ずつ指でかぶせる。1目かぶせたところ。同じ要領で1目ずつかぶせる。

5 最後は針に糸をかけ一度に引き抜く。

6 コイル編みが編めた。

7 1〜5を繰り返す。

8 コイル編みが2目編めた。

立体モチーフの編み方

花びらなど立体に編む編み方には、
玉編み、パプコーン編み、引き上げ編みなどの編み方がありますが、
ここでは前々段に編みつけるテクニックを
no.34（p.47）のモチーフを使ってレッスンしましょう。

記号図の見方

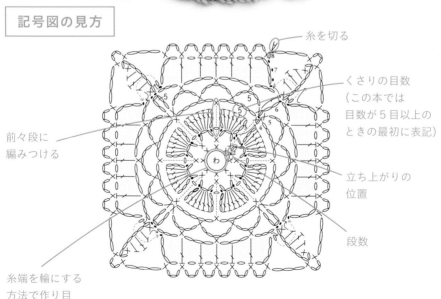

糸を切る

くさりの目数
（この本では
目数が5目以上の
ときの最初に表記）

前々段に
編みつける

立ち上がりの
位置

段数

糸端を輪にする
方法で作り目

前々段の目に編みつける編み方

※no.**34**のモチーフで解説します。
※わかりやすいように
　糸の色を替えて解説します。

4段め

1 立ち上がりのくさり編み1目を編む。

2 2段めのこま編みの頭と3段めのくさりの目の間に向こう側から針を入れる。

3 3段めを手前に倒し、こま編みの頭に針を入れて糸を引き出す。

4 引き出したところ。針に糸をかけて引き抜き、こま編みを編む。

5 2段めのこま編みの頭にこま編みが編めた。

6 くさり編み5目を編む。

7 **2～5**の要領で2段めにこま編みを
編む。

8 こま編みが編めた。編み図どおりに
編み進む。

9 4段めが編めた。

10 裏側。

11 6段めを編むときに、角に葉を編む。

12 7段めまで編めたところ。3段めの
花びらが立体になる。

5

モチーフを楽しむ

no. 21

ハマナカ
アルパカモヘアフィーヌ
並太タイプ
2/0号かぎ針

ハマナカ 純毛中細
中細タイプ
4/0号かぎ針

ハマナカ アメリー
並太タイプ
5/0号かぎ針

糸を替えると大きさが変わる

モチーフ編みは、同じ編み方でも
細い糸で編むと小さなモチーフに、
太い糸で編むと大きなモチーフになります。
糸の太さには極太、並太、合太、中細、合細、極細などがありますが、
同じ並太でも糸によって太さが異なり、
でき上がりのサイズも変わります。
同じ糸でも針の号数を変えるとサイズは変わります。
また、編む人の手の加減によって、
ゆるく編むと大きくなり、きつめに編むと小さくなりますので、
糸玉に記載された号数を参考に、編み地の風合いを確かめながら
針の号数を選びましょう。

ハマナカ ソノモノ アルパカウール
極太タイプ
7/0号かぎ針

ハマナカ メンズクラブマスター
極太タイプ
8/0号かぎ針

編む段数を変えると形が変わる

A
2段め

B
5段め

54

C
7段め

写真のモチーフは同じ編み方で、
Aは2段めまで、**B**は5段めまで、**C**のモチーフは7段めまで編みました。
右ページのモチーフも同様に、2段め、4段め、5段めまで編んだモチーフです。
このように同じモチーフ1枚でも編む段数を変えることで
大きさや形が変化することがモチーフ編みの楽しいところ。

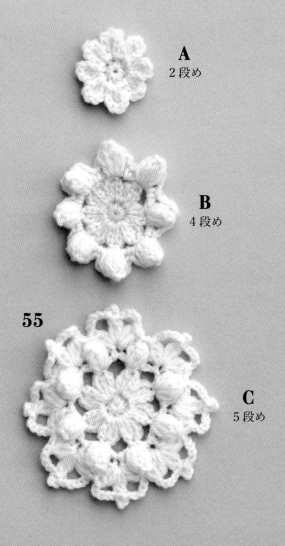

A
2 段め

B
4 段め

55

C
5 段め

Design：岡本啓子
Yarn： ハマナカ アメリーエフ《合太》
How to make ⇒ p.76

no. 54

糸…ハマナカ アメリーエフ《合太》　　針…5/0号かぎ針　　モチーフの大きさ…8.5cm角

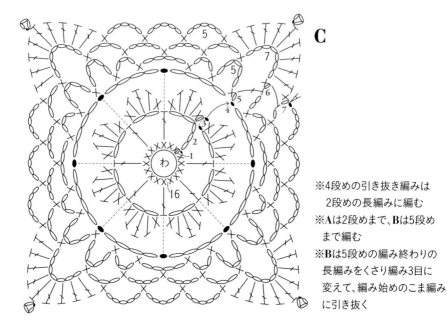

C

※4段めの引き抜き編みは
　2段めの長編みに編む
※Aは2段めまで、Bは5段め
　まで編む
※Bは5段めの編み終わりの
　長編みをくさり編み3目に
　変えて、編み始めのこま編み
　に引き抜く

no. 55

糸…ハマナカ アメリーエフ《合太》　　針…5/0号かぎ針　　モチーフの大きさ…直径9cm

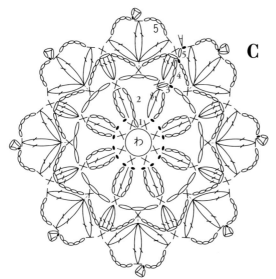

C

※Aは2段めまで、Bは4段め
　まで編む
※Aの編み終わりは他の部分
　と同様にくさり4目に変えて
　編む

6

つなぎ方のバリエーション

オリジナル作品を作るときのポイント

モチーフをつなぎ合わせてあなただけのオリジナル作品を
作ってみましょう。

選んだモチーフをつなぎ合わせるときの参考になるように
つなぎ方のバリエーションを紹介します。

モチーフの最終段でつないだり、つないだモチーフとモチ
ーフの間に別のモチーフを組み合わせたり、あとから巻き
かがってつないでみたり、つなぎ方にはいろいろあります。
モチーフの形に合わせて試してみましょう。

また、パターンのページでは主に単色で紹介していますが、
p.32〜35のように色を替えることで違った雰囲気が楽しめ
ます。糸の素材をネップの入ったツィードヤーンや、やわ
らかいモヘア素材、カシミヤやアルパカなどの上質素材に
替えることでも風合いや表情は変わります。糸選びもぜひ
楽しんでください。

56

Design：松本かおる
Yarn： ハマナカ アメリーエフ《合太》
How to make ⇒ p.79

編みながらモチーフをつなぐ

2枚め以降のモチーフの最終段を編むときに、
隣り合わせのモチーフと
引き抜き編みでつなぎながら編みます。

no.56

糸…ハマナカ アメリーエフ《合太》
針…4/0号かぎ針
モチーフの大きさ…直径4.5㎝

※○囲みの数字はモチーフを編んで
　つなぐ順番

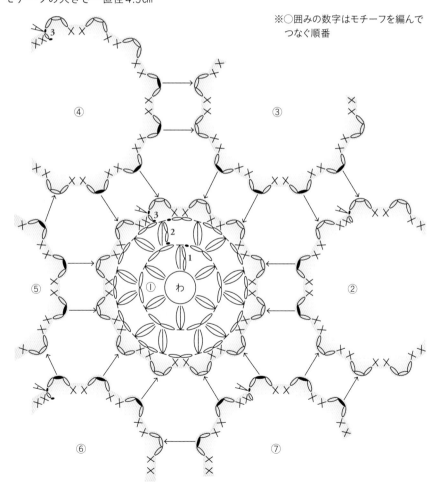

57

Design：松本かおる
Yarn： ハマナカ 純毛中細
How to make ⇒ p.81

モチーフとモチーフの間をつなぐ

p.78と同じ配置で、2枚め以降のモチーフを
最終段でこま編みでつなぎますが、
さらにモチーフとモチーフの間を長編みでつなぎながら模様を作ります。

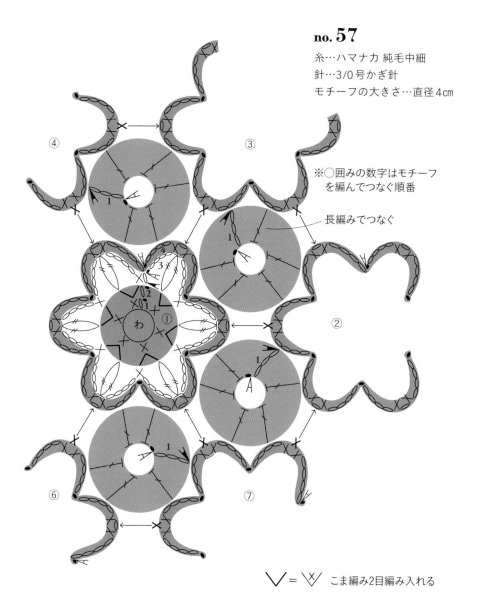

no.57

糸…ハマナカ 純毛中細
針…3/0号かぎ針
モチーフの大きさ…直径4㎝

※○囲みの数字はモチーフ
を編んでつなぐ順番

長編みでつなぐ

$\vee$ = $\vee\!\!\!\vee$ こま編み2目編み入れる

58

Design：松本かおる
Yarn： ハマナカ アメリーエフ《合太》
How to make ⇒ p.83

あとから巻きかがってモチーフをつなぐ

四角いモチーフは、先に1枚ずつ編みためて、

後から巻きかがりでつなぎました。

配色使いのモチーフを編みつなぐときなど、

色の配置を最後に決められるので、このつなぎ方はおすすめです。

no.58

糸…ハマナカ アメリーエフ《合太》
針…4/0号かぎ針
モチーフの大きさ…4.5㎝角

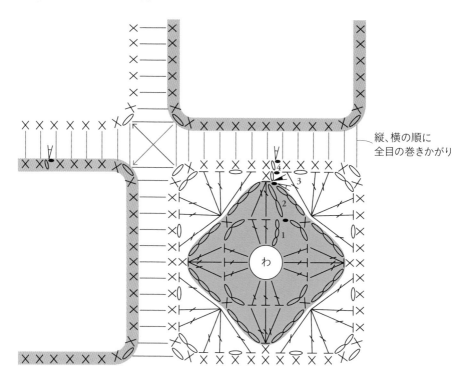

縦、横の順に
全目の巻きかがり

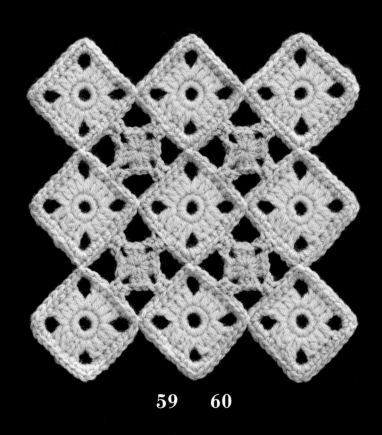

59   60

Design：松本かおる
Yarn：　ハマナカ アメリーエフ《合太》
How to make ⇒ p.85

斜めにつないで小さなモチーフをプラス

大きな四角形を斜めに配置して編みながらつなぎ、
モチーフの間にあとから小さなモチーフを編みつけました。

no. 59
no. 60

糸…ハマナカ アメリーエフ《合太》　　針…4/0号かぎ針
モチーフの大きさ…**no. 59** 3.5㎝角　**no. 60** 2㎝角

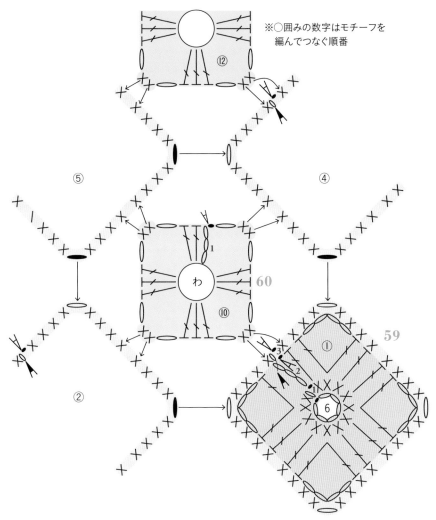

※○囲みの数字はモチーフを
　編んでつなぐ順番

61 62

Design：松本かおる
Yarn： ハマナカ 純毛中細
How to make ⇒ p.87

大小のモチーフを組み合わせてつなぐ

大きな丸モチーフを最終段で編みつなぎ、
小さなモチーフを間に編みつけます。

no. 61
no. 62

糸…ハマナカ 純毛中細　　針…3/0号かぎ針
モチーフの大きさ…**no. 61** 直径7㎝　**no. 62** 直径3㎝

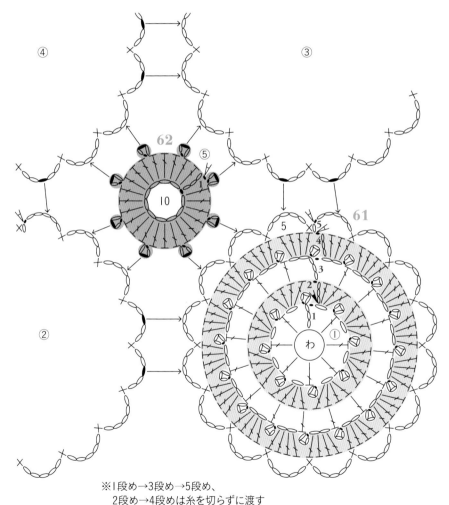

※1段め→3段め→5段め、
　2段め→4段めは糸を切らずに渡す
※2段め、4段めは編み方向を逆にする
○囲みの数字はモチーフを編んでつなぐ順番

7

組み合わせを楽しむ

63

Design：河合真弓
Yarn： ハマナカ アメリーエフ《合太》
How to make ⇒ p.89

つなぐことで新しい模様が生まれる

モチーフは1枚で見たときと、

つないだときでは違った表情に見えることがあります。

モチーフのつなぎ目に新しい模様が見えてきませんか？

no. 63

糸…ハマナカ アメリーエフ《合太》
針…3/0号かぎ針
モチーフの大きさ…6.5cm角

※○囲みの数字はモチーフを編んで
　つなぐ順番

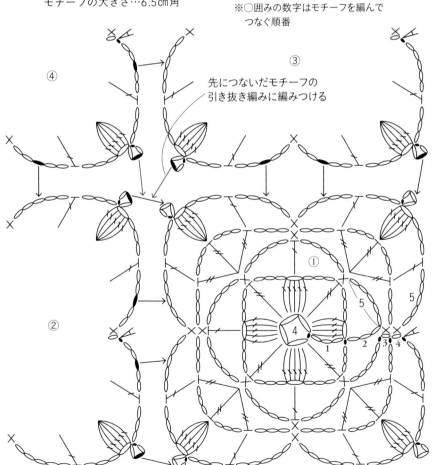

先につないだモチーフの
引き抜き編みに編みつける

64

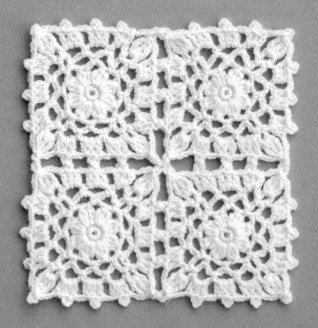

Design：河合真弓
Yarn： ハマナカ 純毛中細
How to make ⇒ p.91

no. 64

糸…ハマナカ 純毛中細
針…3/0号かぎ針
モチーフの大きさ…7cm角

※○囲みの数字はモチーフを編んで
　つなぐ順番

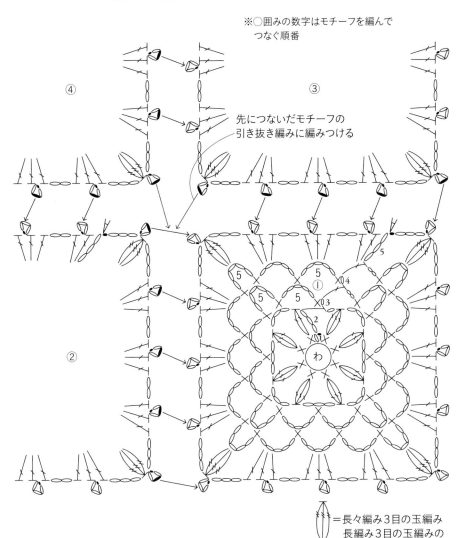

先につないだモチーフの
引き抜き編みに編みつける

=長々編み3目の玉編み
長編み3目の玉編みの
要領で、長編みを長々
編みに変えて編む

65

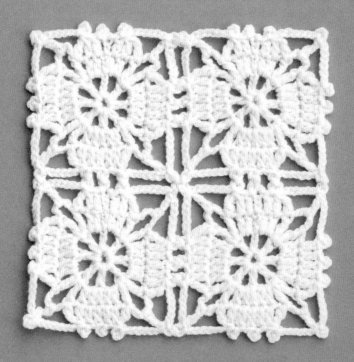

Design：河合真弓
Yarn： ハマナカ アメリー
How to make ⇒ p.93

no. 65

糸…ハマナカ アメリー
針…5/0号かぎ針
モチーフの大きさ…9cm角

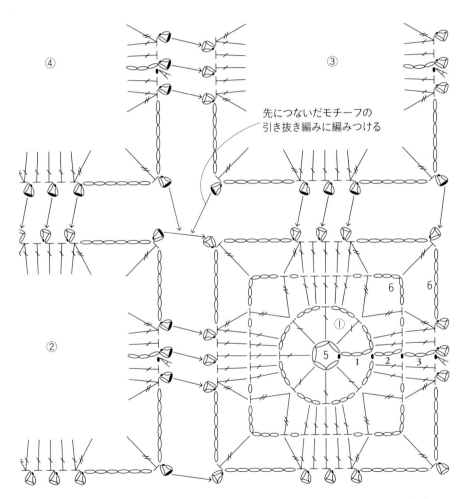

先につないだモチーフの
引き抜き編みに編みつける

※○囲みの数字はモチーフを編んでつなぐ順番

大小のモチーフの組み合わせ

モチーフをつないだときに中央に大きな穴があくことはありませんか？
そのようなときは小さなモチーフを組み合わせてつないでみましょう。
2つの写真の小さなモチーフは同じデザインです。
このように大きさの異なるモチーフを組み合わせることで、
隙間が気にならなくなります。

66

67

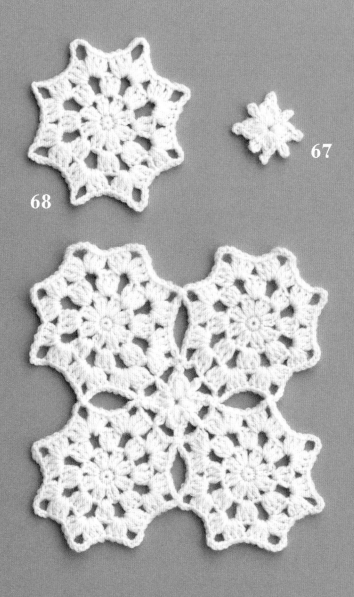

67

68

Design : 岡本啓子
Yarn : ハマナカ アメリーエフ《合太》
How to make ⇒ p.96・97

no. 66
no. 67

糸…ハマナカ アメリーエフ《合太》
針…5/0号かぎ針
モチーフの大きさ…**no. 66** 直径7㎝　**no. 67** 3㎝角

※○囲みの数字はモチーフを編んでつなぐ順番

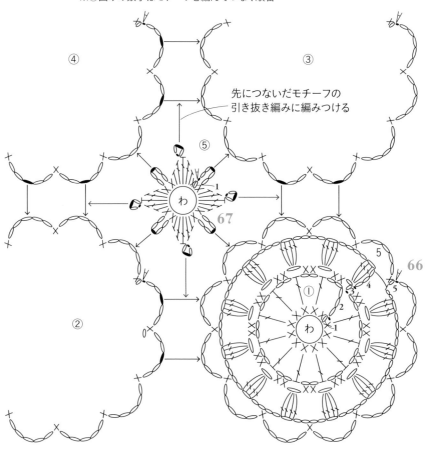

先につないだモチーフの
引き抜き編みに編みつける

no. 67
no. 68

糸…ハマナカ アメリーエフ《合太》
針…5/0号かぎ針
モチーフの大きさ…**no. 67** 3cm角　**no. 68** 一辺が4cm

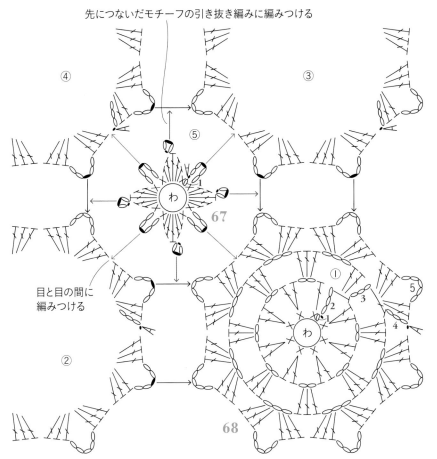

※○囲みの数字はモチーフを編んでつなぐ順番

先につないだモチーフの引き抜き編みに編みつける

④

③

⑤

目と目の間に
編みつける

②

67

68

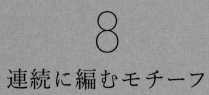

8

連続に編むモチーフ

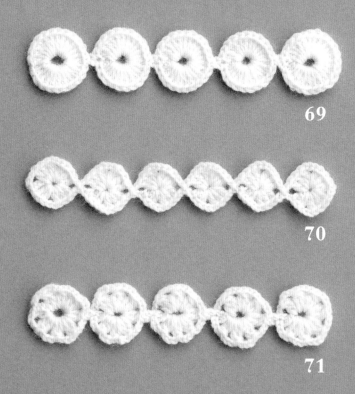

69

70

71

Design：風工房
Yarn： ハマナカ 純毛中細
How to make ⇒ p.100・101

小さなモチーフを1枚ずつ編んでつなぐと糸始末が面倒…
という方におすすめの切らずにつなげて編めるデザインを紹介します。
エジングにも最適で、
市販のハンカチの縁周りに細い糸で編んでつけても素敵です。

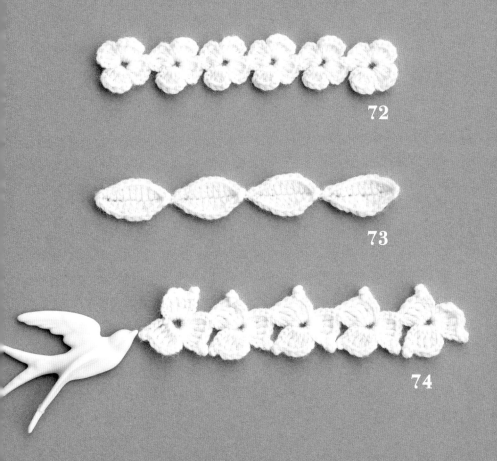

72

73

74

no. 69〜74

糸…ハマナカ 純毛中細　　針…3/0号かぎ針
モチーフの大きさ…**no. 69** 幅2.5㎝　**no. 70** 幅2㎝　**no. 71** 幅2.5㎝
　　　　　　　　　no. 72 幅2㎝　**no. 73** 幅2㎝　**no. 74** 幅3㎝

no. 69

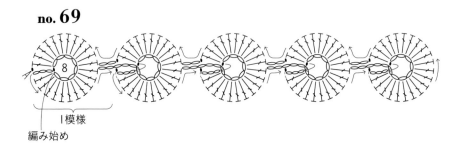

no. 70

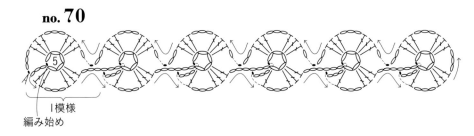

no. 71

no. 72

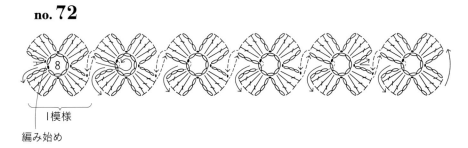

|模様

編み始め

no. 73

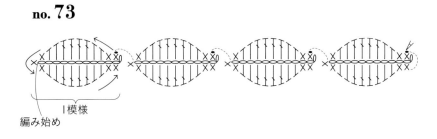

|模様

編み始め

no. 74

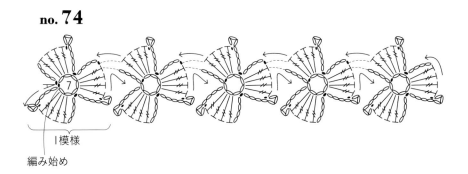

|模様

編み始め

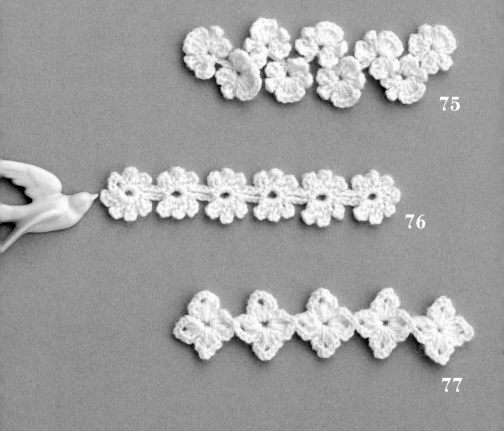

75

76

77

Design：遠藤ひろみ
Yarn： ハマナカ 純毛中細
How to make ⇒ p.104・105

78

79

80

no.75～80

糸…ハマナカ 純毛中細　針…3/0号かぎ針
モチーフの大きさ…no.**75** 幅3㎝　no.**76** 幅2.5㎝　no.**77** 幅3㎝
no.**78** 幅5㎝　no.**79** 幅2.5㎝　no.**80** 幅3㎝

no.75

no.76

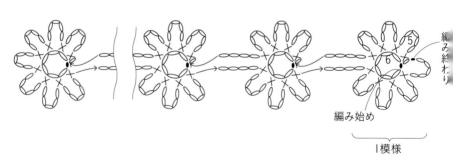

no.77

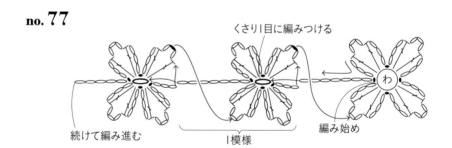

no. 78

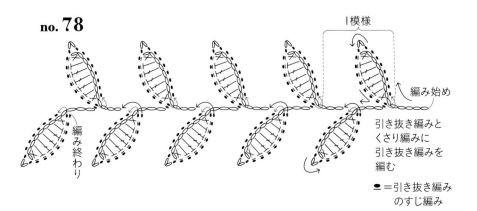

1模様

編み始め

引き抜き編みと
くさり編みに
引き抜き編みを
編む

●＝引き抜き編み
　のすじ編み

編み終わり

no. 79

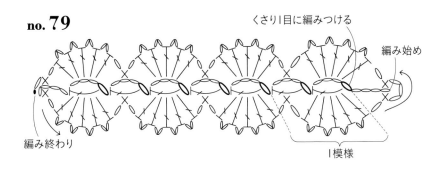

くさり1目に編みつける

編み始め

編み終わり

1模様

no. 80

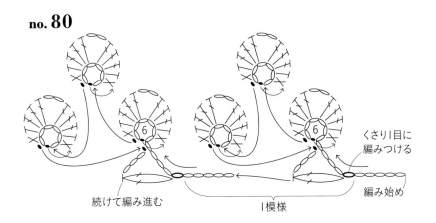

くさり1目に
編みつける

続けて編み進む

編み始め

1模様

9
形のかわいいモチーフ

1枚で完成するシルエットのかわいいモチーフを集めました。
裏にブローチピンや金具をつけて
アクセサリーやチャームにしたり、ワッペンにしたり。
乙女心をくすぐるようなモチーフがいっぱい。

81

82

83

Design：lunedi777
Yarn： **81** ハマナカ モヘア
82 ハマナカ itoa あみぐるみが編みたくなる糸
83 ハマナカ 純毛中細
ow to make ⇒ p.108

84 85 86

87 88

89

Design：lunedi777
Yarn： ハマナカ 純毛中細
ow to make ⇒ p.109〜111

no. 81 リス

糸…ハマナカ モヘア　　　針…4/0号かぎ針　　　モチーフの大きさ…5㎝

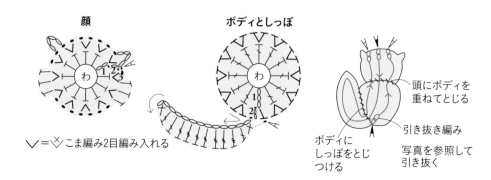

顔

ボディとしっぽ

∨=∨ こま編み2目編み入れる

頭にボディを
重ねてとじる

引き抜き編み

写真を参照して
引き抜く

ボディに
しっぽをとじ
つける

no. 82 クマ

糸…ハマナカ itoa あみぐるみが編みたくなる糸　　　針…4/0号かぎ針
モチーフの大きさ…5㎝

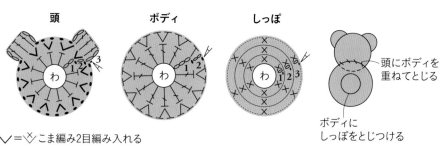

頭

ボディ

しっぽ

∨=∨ こま編み2目編み入れる

頭にボディを
重ねてとじる

ボディに
しっぽをとじつける

no. 83 パンダ

糸…ハマナカ 純毛中細　　　針…3/0号かぎ針　　　モチーフの大きさ…4.5㎝

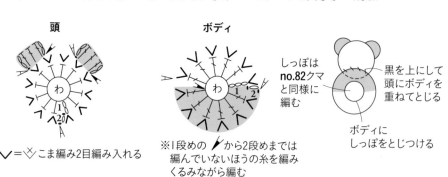

頭

ボディ

∨=∨ こま編み2目編み入れる

しっぽは
no.82クマ
と同様に
編む

※1段めの ╱ から2段めまでは
編んでいないほうの糸を編み
くるみながら編む

黒を上にして
頭にボディを
重ねてとじる

ボディに
しっぽをとじつける

no.84 りんご

糸…ハマナカ 純毛中細　　針…3/0号かぎ針　　モチーフの大きさ…4.5㎝

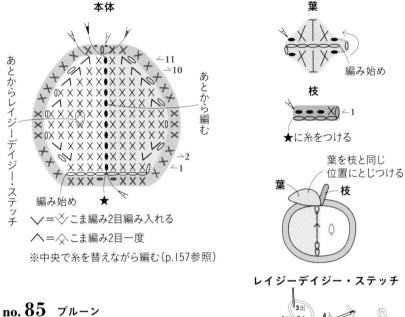

本体

あとからレイジーデイジー・ステッチ

あとから編む

編み始め ★

∨＝ こま編み2目編み入れる

∧＝ こま編み2目一度

※中央で糸を替えながら編む(p.157参照)

葉

編み始め

枝

←1

★に糸をつける

葉を枝と同じ
位置にとじつける

葉　　**枝**

レイジーデイジー・ステッチ

1出　2入　3出　4入

no.85 プルーン

糸…ハマナカ 純毛中細　　針…3/0号かぎ針
モチーフの大きさ…5㎝

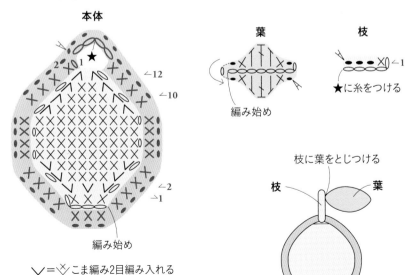

本体

←12

←10

←2

→1

編み始め

∨＝ こま編み2目編み入れる

∧＝ こま編み2目一度

葉

編み始め

枝

←1

★に糸をつける

枝に葉をとじつける

枝　　　　**葉**

no. 86　洋梨

糸…ハマナカ 純毛中細　　針…3/0号かぎ針　　モチーフの大きさ…5cm

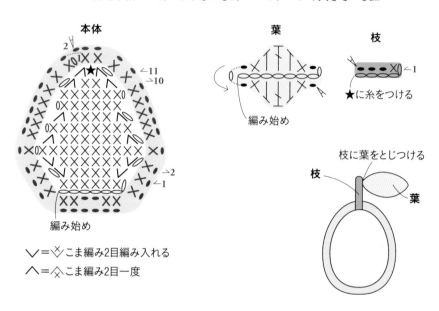

本体

←11
→10

→2
←1

編み始め

葉

編み始め

枝

←1

★に糸をつける

枝に葉をとじつける

枝

葉

∨＝こま編み2目編み入れる
∧＝こま編み2目一度

no. 87　花

糸…ハマナカ 純毛中細　　針…3/0号かぎ針　　モチーフの大きさ…6cm

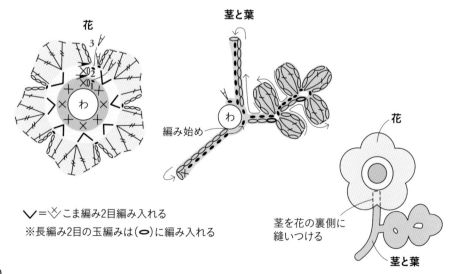

花

わ

茎と葉

わ

編み始め

花

茎を花の裏側に
縫いつける

茎と葉

∨＝こま編み2目編み入れる
※長編み2目の玉編みは(◐)に編み入れる

110

no.88 花

糸…ハマナカ 純毛中細　　針…3/0号かぎ針　　モチーフの大きさ…6㎝

花

花

茎と葉

茎を
花の裏側に
縫いつける

茎と葉

3
4
1
2

★{

←
←
←
←

2
1
4
3

→
→
→
→

編み始め

A

わ

1段めでくさり編みを編み、
4段めは1段めのくさり編み
に引き抜き編み（●）を
編んで中心にもどる（★）

no.89 花

糸…ハマナカ 純毛中細　　針…3/0号かぎ針　　モチーフの大きさ…5.5㎝

花

茎と葉

no.88の
茎と葉の★と
同じ要領（☆）

3
4
1
2

☆{

2
1
4
3

わ

A

編み始め

花

茎を花の裏側
に縫いつける

茎と葉

∨＝ こま編み2目編み入れる

111

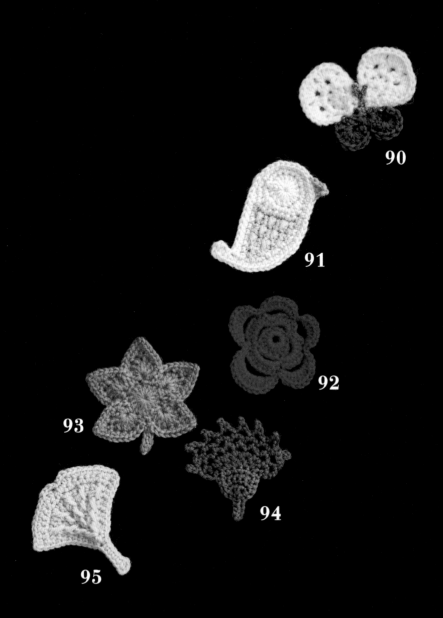

90

91

92

93

94

95

Design： 松本かおる
Yarn： **90～92・94**ハマナカ 純毛中細
93・95ハマナカ コロボックル
How to make ⇒ p.114・115

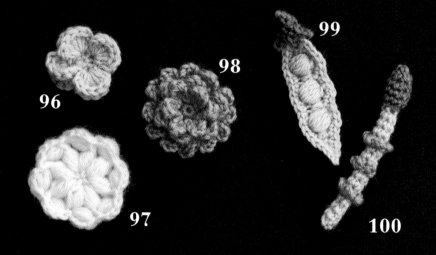

96

98

99

97

100

Design：松本かおる
Yarn： **96・97** ハマナカ アメリーエフ《合太》
　　　　98～100 ハマナカ 純毛中細
How to make ⇒ p.<u>116</u>・<u>117</u>

no. 90 蝶

糸…ハマナカ 純毛中細　　針…3/0号かぎ針　　モチーフの大きさ…4㎝

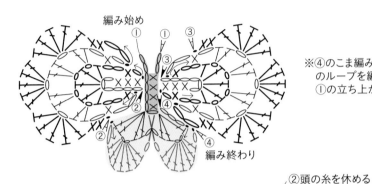

編み始め

※④のこま編みは、くさり編み
のループを編みくるむように
①の立ち上がりに編む

編み終わり

②頭の糸を休める
④休めていた糸でまわりを編む

no. 91 小鳥

糸…ハマナカ 純毛中細
針…3/0号かぎ針
モチーフの大きさ…5.5㎝

①頭

③ボディ

no. 92 バラ

糸…ハマナカ 純毛中細
針…3/0号かぎ針
モチーフの大きさ…5㎝

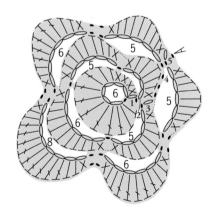

∨＝⊻こま編み2目編み入れる

∧＝⋀こま編み2目一度

Ｆ＝長編み表引き上げ編み

no. 93　楓

糸…ハマナカ コロポックル　　針…3/0号かぎ針　　モチーフの大きさ…5.5㎝

∨=✕こま編み2目編み入れる

no. 94　あざみ

糸…ハマナカ 純毛中細
針…3/0号かぎ針
モチーフの大きさ…5㎝

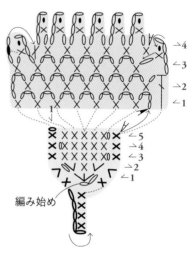

編み始め

∨=✕こま編み3目編み入れる
∨=✕こま編み2目編み入れる

no. 95　銀杏

糸…ハマナカ コロポックル
針…3/0号かぎ針
モチーフの大きさ…6㎝

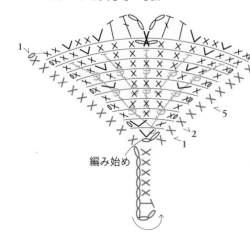

編み始め

∨=✕こま編み2目編み入れる

↑=長編み表引き上げ編み

∨=長編み表引き上げ編みの要領で2目編み
　　入れる

✕=前段のくさり編みのループを編みくるむ
　　ように前々段に編む

no.96 クローバー

糸…ハマナカ アメリーエフ《合太》　　針…4/0号かぎ針　　モチーフの大きさ…2.5cm

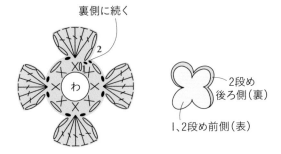

裏側に続く

2段め
後ろ側（裏）

I、2段め前側（表）

※2段めはI段めの手前のI本に編み、裏返して
　後ろ側を向こう側I本に2段めと同様に編む

no.97 花

糸…ハマナカ アメリーエフ《合太》
針…4/0号かぎ針
モチーフの大きさ…直径3.5cm

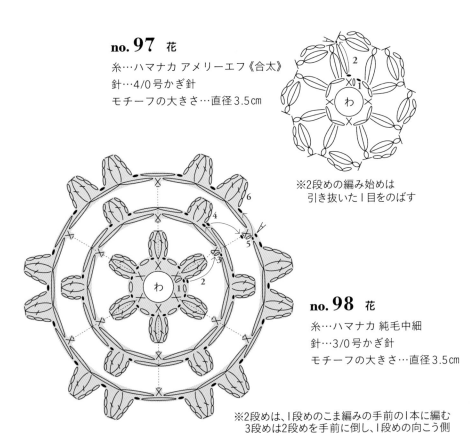

※2段めの編み始めは
　引き抜いたI目をのばす

no.98 花

糸…ハマナカ 純毛中細
針…3/0号かぎ針
モチーフの大きさ…直径3.5cm

※2段めは、I段めのこま編みの手前のI本に編む
　3段めは2段めを手前に倒し、I段めの向こう側
　のI本に編む
　5段めは4段めを手前に倒し、3段めに編む

no.99 さやえんどう

糸…ハマナカ 純毛中細　　針…3/0号かぎ針　　モチーフの大きさ…6.5cm

さやと実

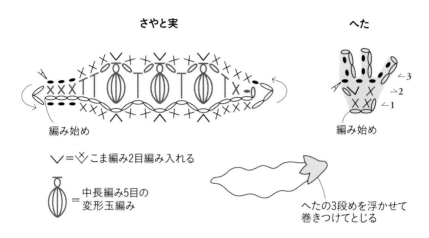

編み始め

へた

←3
←2
←1

編み始め

$\vee$＝ こま編み2目編み入れる

＝ 中長編み5目の
変形玉編み

へたの3段めを浮かせて
巻きつけてとじる

no.100 つくし

糸…ハマナカ 純毛中細　　針…3/0号かぎ針　　モチーフの大きさ…7cm

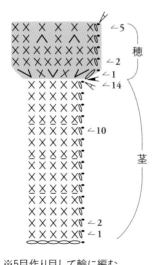

←5
穂
←2
←1
←14

茎
←10

←2
←1

はかま

※穂を下側に向け、5段め、8段め、
11段めで残した糸1本に編む

穂に残り糸を詰め、
最終段の目に糸を通してしぼる

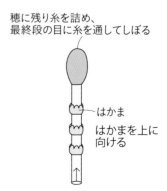

はかま

はかまを上に
向ける

※5目作り目して輪に編む

╳＝手前の糸1本を残して編む

$\vee$＝ こま編み2目編み入れる

$\wedge$＝ こま編み2目一度

101

103

102

Design： lunedi777
Yarn： ハマナカ 純毛中細
How to make ⇒ p.120・121

104

105

106

Design： lunedi777
Yarn： ハマナカ 純毛中細
How to make ⇒ p.122・123

no. 101　りんご

糸…ハマナカ 純毛中細
針…3/0号かぎ針
モチーフの大きさ…直径3cm

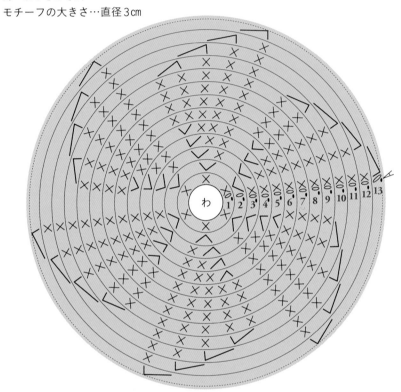

※中に残り糸を詰め、最終段に糸を通してしぼる

⋁＝♢こま編み2目編み入れる

⋀＝♢こま編み2目一度

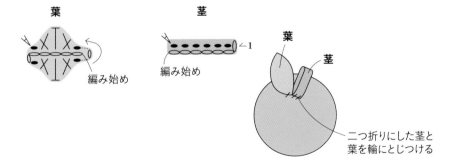

葉

編み始め

茎

編み始め

←1

葉

茎

二つ折りにした茎と
葉を輪にとじつける

120

柄

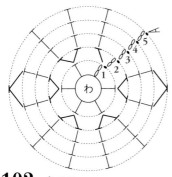

かさ

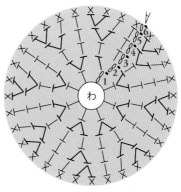

no.102　きのこ

糸…ハマナカ 純毛中細　　　針…3/0号かぎ針
モチーフの大きさ…縦5㎝

no.103　どんぐり

糸…ハマナカ 純毛中細　　　針…3/0号かぎ針
モチーフの大きさ…縦3㎝

かさ

柄

二つ折りにして
柄を挟んで
まつる

実

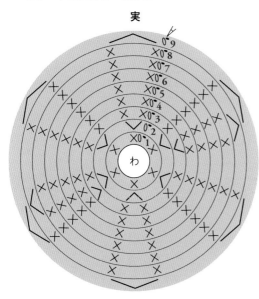

※中に残り糸を詰め、最終段に糸を
　通してしぼる

∨＝×× こま編み2目編み入れる

∧＝×× こま編み2目一度

帽子

∨＝×× こま編みのすじ編み
　　　2目編み入れる

※こま編み2目編み入れるの要領で
　向こう側の1本をすくって編む

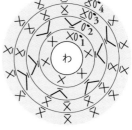

茎

編み始め

①茎を縫いつける

②帽子をかぶせて
　まつる

帽子

実

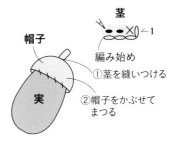

no. **104** かごバッグ

糸…ハマナカ 純毛中細
針…3/0号かぎ針
モチーフの大きさ…幅4.5cm

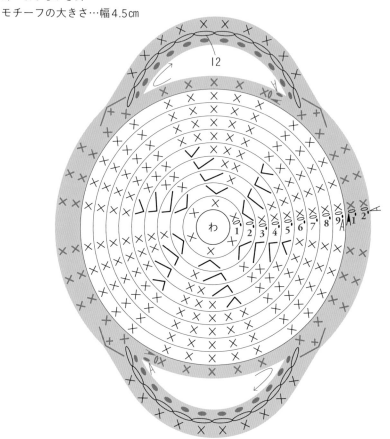

∨=こま編み2目編み入れる

※縁編みの1段めでくさり編み12目作り目
　をして持ち手を編み、2段めで持ち手の
　外側を編む。指定の位置に糸をつけ、
　持ち手の内側を編む

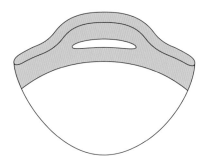

no. 105　帽子

糸…ハマナカ 純毛中細　　針…3/0号かぎ針　　モチーフの大きさ…直径4cm

本体

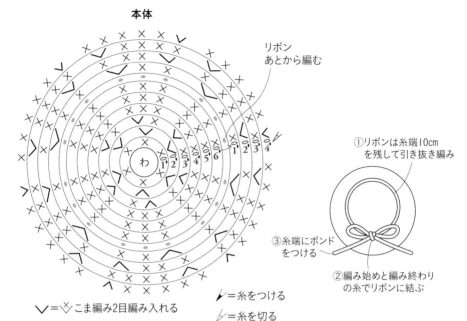

リボン
あとから編む

①リボンは糸端10cm
を残して引き抜き編み

③糸端にボンド
をつける

②編み始めと編み終わり
の糸でリボンに結ぶ

∨=Ⅴ=こま編み2目編み入れる

✓=糸をつける

✓=糸を切る

no. 106　ビーチサンダル

糸…ハマナカ 純毛中細　　針…3/0号かぎ針　　モチーフの大きさ…4.5cm

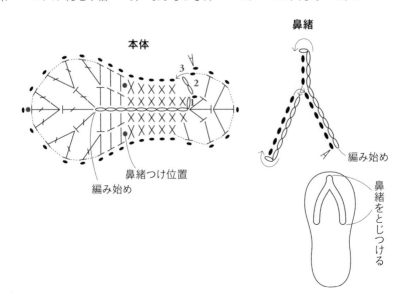

本体

鼻緒

鼻緒つけ位置

編み始め

編み始め

鼻緒をとじつける

123

10

モチーフつなぎの応用作品

この本のモチーフパターンを使った応用作品を紹介します。
編み方図のつなぎ方を参考に、
好きなモチーフに変えてオリジナル作品もお楽しみください。

A

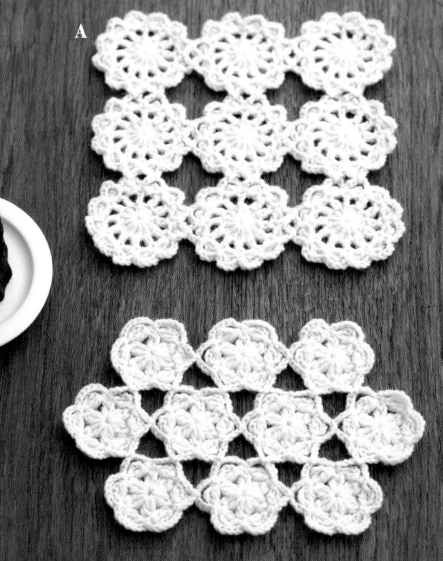

ドイリー

no.22、no.23のモチーフをつなぎ合わせた小さなドイリー。
清潔感のある白いモチーフも素敵ですが、
色を組み合わせると華やかなデザインになります。

Design：遠藤ひろみ
Yarn： ハマナカ 純毛中細
How to make ⇒ p.126・127

ドイリー　写真 p.124・125

◎**糸**…ハマナカ 純毛中細（40g 玉巻）**A** ホワイト（1）8g
　B ホワイト（1）4g　ブルーグレー（34）3g
　ウグイス（22）2g
◎**針**…ハマナカ アミアミ両かぎ針ラクラク4/0号
◎**モチーフの大きさ**…直径5㎝
◎**サイズ**…15㎝角
◎**編み方**…モチーフ no.**23**（p.25）の応用です。糸は1本ど
　りで **A** はホワイト、**B** は指定の色で編みます。モチーフは糸
　端を輪にし、図のように編みます。2枚めからは最終段で
　引き抜き編みでつなぎながら編み、9枚を編みつなぎます。

寸法配置図

（モチーフつなぎ）
9枚

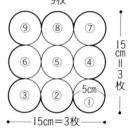

15㎝ = 3枚

15㎝=3枚

※○囲みの数字は
　モチーフを編んで
　つなぐ順番

モチーフの編み方とつなぎ方

※**A**はホワイトで同様に編む

配色表

	A	B
3段め		ブルーグレー
2段め	ホワイト	ホワイト
1段め		ウグイス

126

ドイリー　写真 p.124

◎**糸**…ハマナカ 純毛中細（40g 玉巻）　ホワイト（1）6g
◎**針**…ハマナカ アミアミ両かぎ針ラクラク4/0号
◎**モチーフの大きさ**…一辺が2㎝の六角形
◎**サイズ**…16㎝×10.5㎝
◎**編み方**…モチーフno.**22**（p.25）の応
　用です。糸は1本どりで編みます。
　モチーフは糸端を輪にし、図のよう
　に編みます。2枚めからは最終段で
　引き抜き編みでつなぎながら編み、
　10枚を編みつなぎます。

寸法配置図

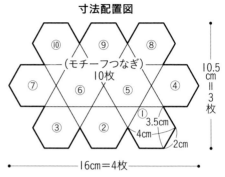

（モチーフつなぎ）
10枚

10.5㎝＝3枚
3.5㎝
4cm
2cm
16cm＝4枚

※○囲みの数字はモチーフを編んでつなぐ順番

モチーフのつなぎ方

ひざ掛け

no.8のモチーフを市松模様に
2種類の配色でつなぎました。
作品はハーフサイズですが、
枚数はお好みに合わせて自由に。

Design： 風工房
Yarn： ハマナカ アメリー
How to make ⇒ p.130

バッグ

no.**10** の三角モチーフを30枚編んで、
あとから引き抜きでつなぎます。
くさり編みで作る持ち手が華奢な印象です。

Design：サイチカ
Yarn： ハマナカ アメリー
How to make ⇒ p.132

ひざ掛け　写真 p.128

◎糸…ハマナカ アメリー（40g 玉巻）　ネイビーブルー（17）90g　グレイッシュイエロー
　（1）、チャイナブルー（29）各25g　セラドン（37）、スプリンググリーン（33）各10g
　ワイン（19）、フォレストグリーン（34）、イエローオーカー（41）、ヴァージニアブルーベル
　（46）各8g
◎針…ハマナカアミアミ両かぎ針ラクラク5/0号
◎**モチーフの大きさ**…11cm角
◎**でき上がりサイズ**…77cm×44cm
◎**編み方**…モチーフno.8（p.15）の応用です。糸は1本どりで、指定の色で編みます。
　モチーフはくさり編み4目を作り目して輪にし、図のように編みます。2枚めからは最終段
　で引き抜き編みでつなぎながら編み、28枚を編みつなぎます。

寸法配置図

B ㉘	A ㉗	B ㉖	A ㉕	B ㉔	A ㉓	B ㉒
A ㉑	B ⑳	A ⑲	B ⑱	A ⑰	B ⑯	A ⑮
B ⑭	A ⑬	B ⑫	A ⑪	B ⑩	A ⑨	B ⑧
A ⑦	B ⑥	A ⑤	B ④	A ③	B ②	A ①

44cm＝4枚
11cm
11cm
←──77cm＝7枚──→

※○囲みの数字はモチーフを編んでつなぐ順番

モチーフ

モチーフのつなぎ方

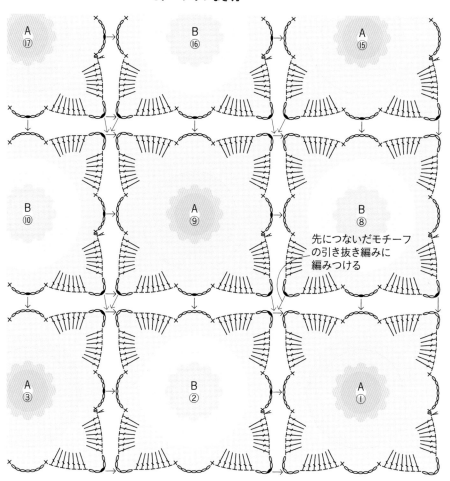

先につないだモチーフ
の引き抜き編みに
編みつける

配色表

	A	B
5、6段め	ネイビーブルー	ネイビーブルー
4段め	グレイッシュイエロー	チャイナブルー
3段め	セラドン	スプリンググリーン
2段め	イエローオーカー	ヴァージニアブルーベル
1段め	ワイン	フォレストグリーン

バッグ　写真 p.129

◎**糸**…ハマナカ アメリー（40g 玉巻）ピュアブラック（52）130g
◎**針**…ハマナカアミアミ両かぎ針ラクラク5/0号
◎**モチーフの大きさ**…一辺が10.4cmの三角形
◎**サイズ**…図参照
◎**編み方**…モチーフno.**10**（p.17）の応用です。糸は1本どりで編みます。
　モチーフは糸端を輪にし、図のように編みます。30枚を編み、指定のように引き抜き編み
　でつなぎ、入れ口に縁編みを編みます。持ち手を編み、3本ずつ通して輪にとじ、別の1本
　を根元に巻きつけます。

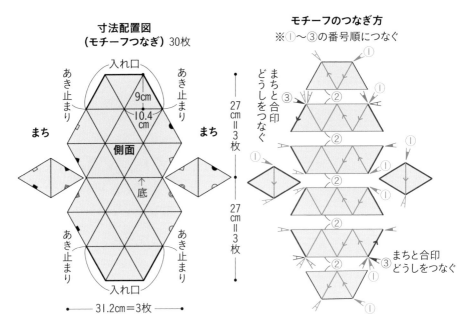

寸法配置図
（モチーフつなぎ）30枚

入れ口
あき止まり　あき止まり
9cm
10.4cm
まち　側面　まち
底
あき止まり　あき止まり
入れ口
31.2cm＝3枚

27cm＝3枚
27cm＝3枚

モチーフのつなぎ方
※①〜③の番号順につなぐ

まちと合印どうしをつなぐ

まちと合印
どうしをつなぐ

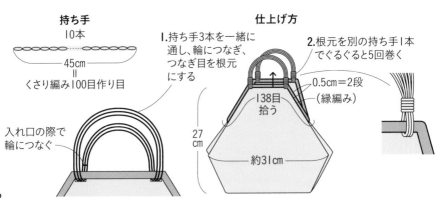

持ち手
10本
45cm＝くさり編み100目作り目

入れ口の際で輪につなぐ

仕上げ方

1.持ち手3本を一緒に通し、輪につなぎ、つなぎ目を根元にする

2.根元を別の持ち手1本でぐるぐると5回巻く

27cm
約31cm
138目拾う
0.5cm＝2段
（縁編み）

モチーフの編み方とつなぎ方、縁編み

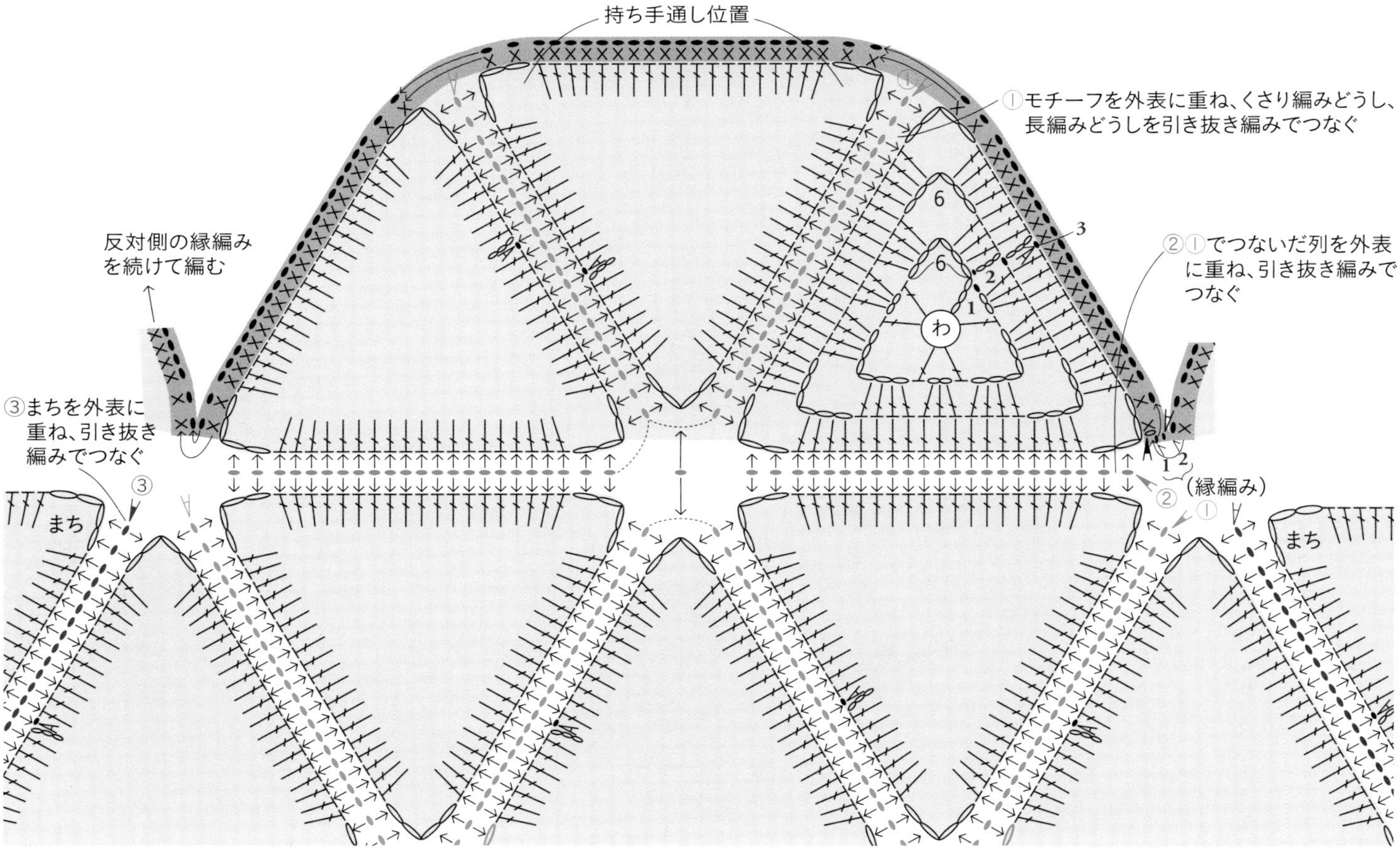

①モチーフを外表に重ね、くさり編みどうし、長編みどうしを引き抜き編みでつなぐ

②①でつないだ引き抜き編みを外表に重ね、引き抜き編みでつなぐ

②①（縁編み）

持ち手通し位置

まち

反対側の縁編みを続けて編む

③まちを外表に重ね、引き抜き編みでつなぐ

③

わ

6 6 2 1 3

133

ストール

no.63のモチーフを
斜めに配置。
つなぎ合わせた角にも玉編みの
小さな模様が浮かび上がりました。
ジグザグのシルエットが
動きのあるデザインに。

Design：河合真弓
Yarn： ハマナカ アメリーエフ《合太》
How to make ⇒ p.136

つけ襟

小さなピコット編みが
ボリュームのある
no.42 のモチーフを使ったつけ襟です。
裏に小さなスナップをつけただけの
かんたん仕上げ。

Design：岡本啓子
Yarn： ハマナカ アメリーエフ《合太》
How to make ⇒ p.<u>138</u>

ストール　　写真 p.134

◎**糸**…ハマナカ アメリーエフ《合太》（30g 玉巻）ナチュラルホワイト（501）130g
◎**針**…ハマナカアミアミ両かぎ針ラクラク4/0号
◎**モチーフの大きさ**…一辺が7.1cmの正方形
◎**サイズ**…幅30cm　長さ130cm
◎**編み方**…モチーフno.**63**（p.89）の応用です。糸は1本どりで編みます。
　モチーフはくさり編み4目を作り目して輪にし、図のように編みます。2枚めからは最終段
の4段めで引き抜き編みでつなぎながら編み、63枚を編みつなぎます。

寸法配置図

※○囲みの数字はモチーフを編んでつなぐ順番

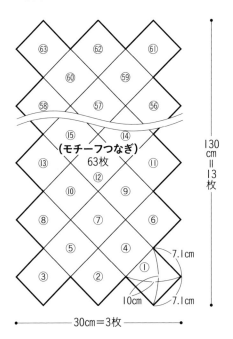

136

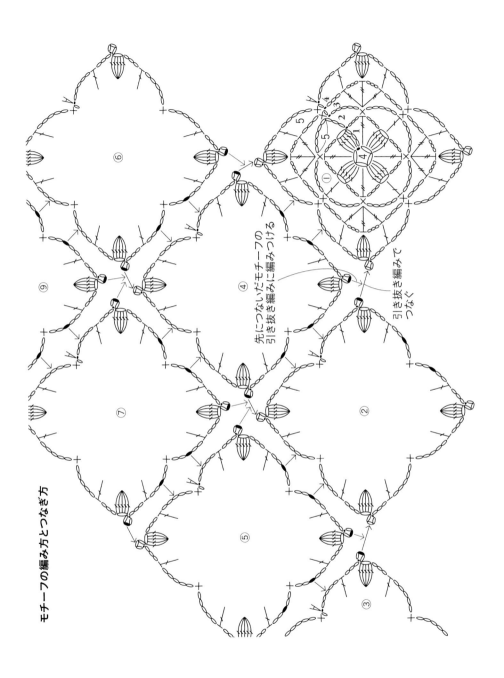

モチーフの編み方とつなぎ方

先につないだモチーフの
引き抜き編みに編みつける

引き抜き編みで
つなぐ

137

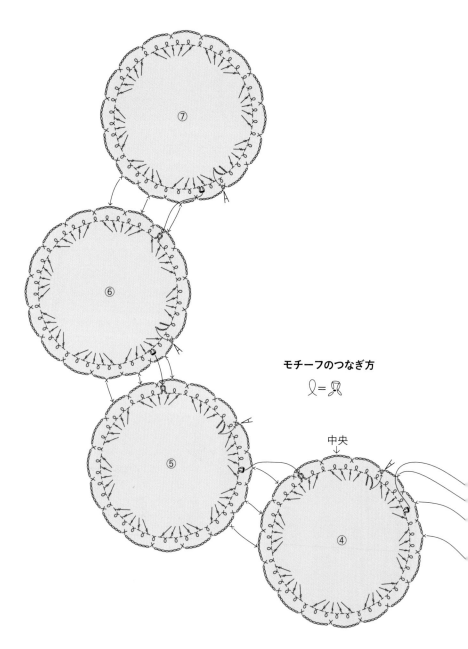

モチーフのつなぎ方

$\ell = $

中央

④
⑤
⑥
⑦

つけ襟 写真 p.135

◎**糸**…ハマナカ アメリーエフ《合太》（30g玉巻）グレー（523）53g
◎**針**…ハマナカアミアミ両かぎ針ラクラク5/0号
◎**その他**…直径1.2cmのスナップ1組
◎**モチーフの大きさ**…直径9cm
◎**サイズ**…外周63cm
◎**編み方**…モチーフno.**42**（p.58）の応用です。糸は1本どりで編みます。
　モチーフはくさり編み5目を作り目して輪にし、図のように編みます。2枚めからは5段め
　では引き抜き編みでつなぎ、6段めではこま編みでつなぎながら7枚編みつなぎます。指定
　の位置にスナップをつけます。

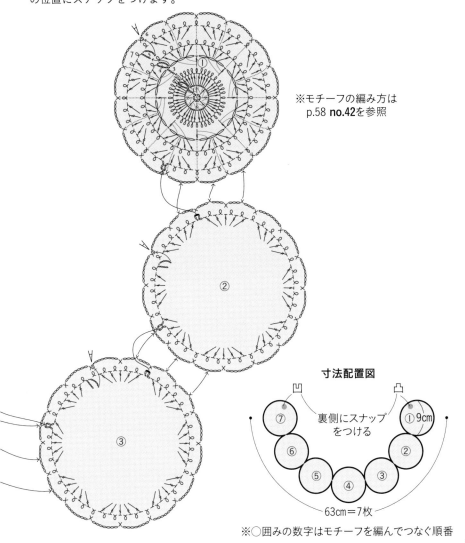

※モチーフの編み方は
　p.58 **no.42**を参照

寸法配置図

裏側にスナップ
をつける

63cm＝7枚

※○囲みの数字はモチーフを編んでつなぐ順番

Design：橋本真由子
Yarn：　ハマナカ アメリー
How to make ⇒ p.142

バッグ

no.50、**no.51**のモチーフは同じ編み方ですが、
ブルーのバッグは編む段数を少なくして小さいサイズにデザインしました。
くるくると針に糸を巻きつけて模様を作るコイル編みは楽しい編み方です。

バッグ　写真 p.140・141

◎**糸**…ハマナカ アメリー（40g 玉巻）
　小ナチュラルホワイト（20）40g　インクブルー（16）20g
　大オートミール（40）70g　チョコレートブラウン（9）40g
◎**針**…ハマナカ アミアミ両かぎ針ラクラク5/0号
◎**モチーフの大きさ**…
　小一辺が3.6cmの六角形　**大**一辺が5.2cmの六角形
◎**サイズ**…図参照

◎**編み方**…**小**はモチーフ no.**50**、**大**は
モチーフ no.**51**（共に p.66）の応用で
す。糸は1本どりで、編みます。
モチーフは糸端を輪にし、図のように
編みます。2枚めからは最終段で引き抜
き編みでつなぎながら編み、14枚編み
つなぎます。入れ口と持ち手を縁編み
で編みます。

寸法配置図

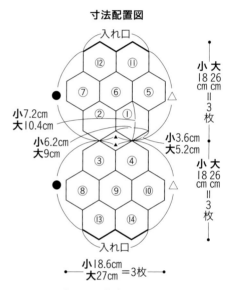

※○囲みの数字はモチーフを編んで
　つなぐ順番
※合印どうしをつなぐ

小の入れ口と持ち手の編み方
※1段めはモチーフの5段めを手前に倒し、4段めに編む

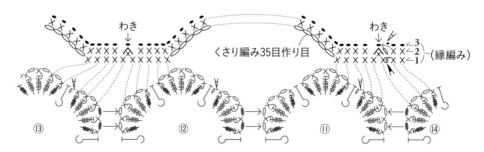

小モチーフのつなぎ方

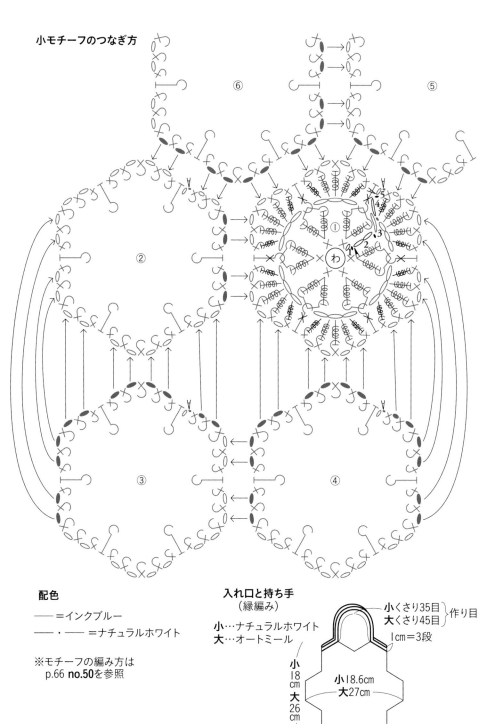

⑥ ⑤ ② ① ③ ④

配色

—— ＝インクブルー

—— ・ —— ＝ナチュラルホワイト

※モチーフの編み方は
p.66 **no.50**を参照

入れ口と持ち手
（縁編み）

小…ナチュラルホワイト
大…オートミール

小くさり35目
大くさり45目 } 作り目

1cm＝3段

小
18
cm
大
26
cm

小18.6cm
大27cm

次ページに続く

大モチーフのつなぎ方

配色

—— =チョコレートブラウン

——・—— =オートミール

※モチーフの編み方は
p.66 **no.51**を参照

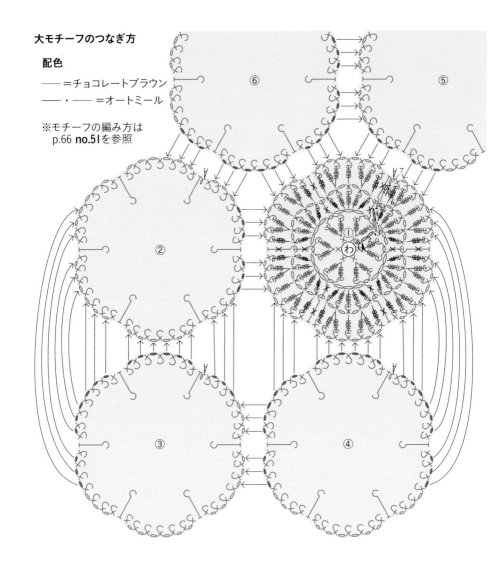

大の入れ口と持ち手の編み方

※1段めはモチーフの7段めを手前に倒し、6段めに編む

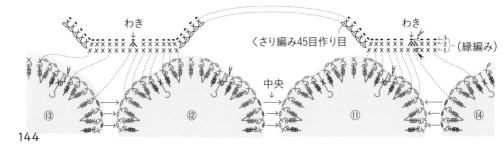

イヤリング　写真 p.146

◎**糸**…ハマナカ モヘア（25g 玉巻）白（1）山吹（31）各1g
◎**針**…ハマナカ アミアミ両かぎ針ラクラク4/0号
◎**その他**…イヤリング金具1組　直径0.5cmの丸カン4個　長さ1cmのチェーン2本
◎**サイズ**…直径3.5cm（金具を除く）
◎**編み方**…糸は1本どりでモチーフ no.96（p.116）と同様に編み、金具をつけます。

丸カン

イヤリング金具にチェーンを丸カンで
つなぎ、もう一方にも丸カンをつけて
モチーフを通してとめる

1、2段め
山吹
前側（表）

2段め白
後ろ側（裏）

ブローチ　写真 P.147

さやえんどう

◎**糸**…ハマナカ モヘア（25g 玉巻）淡グリ
ーン（80）1g
ハマナカ アルパカモヘアフィーヌ（25g
玉巻）モスグリーン（6）少々
◎**針**…ハマナカ アミアミ両かぎ針ラクラク
4/0号
◎**その他**…長さ3.5cmのブローチピン1本
◎**サイズ**…長さ7.5cm
◎**編み方**…糸は1本どりで編みます。
モチーフ no.99（p.117）と同様に編み、裏
側にブローチピンをつけます。

つくし

◎**糸**…ハマナカ 純毛中細（40g 玉巻）ライ
トベージュ（2）2g
ハマナカ モヘア（25g 玉巻）　キャメル
（92）少々
ハマナカ itoa あみぐるみが編みたくなる糸
（15g 玉巻）茶色（315）少々
◎**針**…ハマナカ アミアミ両かぎ針ラクラク
3/0号
◎**その他**…長さ3.5cmのブローチピン1本
◎**サイズ**…長さ7.5cm
◎**編み方**…糸は1本どりで編みます。
モチーフno.100（p.117）と同様に2本編
みます。2本をとじつけ、ブローチピンをつ
けます。

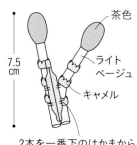

茶色

ライト
ベージュ

キャメル

7.5
cm

2本を一番下のはかまから
1cmとじつけ、裏側に
ブローチピンを縫いつける

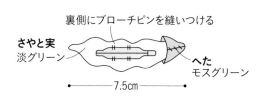

裏側にブローチピンを縫いつける

さやと実
淡グリーン

へた
モスグリーン

7.5cm

イヤリング

no.96のクローバーに
金具をつけたイヤリング。
身につけたときに2色が見える
キュートなデザインです。

Design：松本かおる
Yarn： ハマナカ モヘア
How to make ⇒ p.145

ブローチ

no.99 のさやえんどうと **no.100**のつくしのモチーフは、
モヘアやモールの糸を使って小さなブローチに。
遊び心のあるデザインはアクセサリーに最適。

Design：松本かおる
Yarn： **さやえんどう**　ハマナカ モヘア
　　　　　　　　ハマナカ アルパカモヘアフィーヌ
　　　 つくし　ハマナカ 純毛中細
　　　　　　ハマナカ モヘア
　　　　　　ハマナカ itoa あみぐるみが編みたくなる糸
How to make ⇒ p.145

エコたわし

シルエットのかわいい **no. 91** と **no. 93** はエコたわしに。
アクリル毛糸は洗剤を使わなくても
食器の汚れがきれいに落ちて環境にも優しい優れもの。
プレゼントに喜ばれます。

Design：松本かおる
Yarn： ハマナカ ラブボニー
How to make ⇒ p.149

エコたわし　写真 p.148

◎**糸**…ハマナカ ラブボニー (40g 玉巻)
　小鳥／シアンブルー (135) 4g　ライトブルー (116) 2g　ブルー (118) 少々
　楓／左：抹茶 (113)　右：山吹 (106) 各6g
◎**針**…ハマナカ アミアミ両かぎ針ラクラク 5/0号
◎**サイズ**…小鳥／図参照　楓／長さ11cm
◎**編み方**…糸は1本どりで編みます。小鳥はモチーフno.**91** (p.114)、楓はモチーフ no.**93**
　(p.115) と同様に編み、指定の位置にさげ手をつけます。

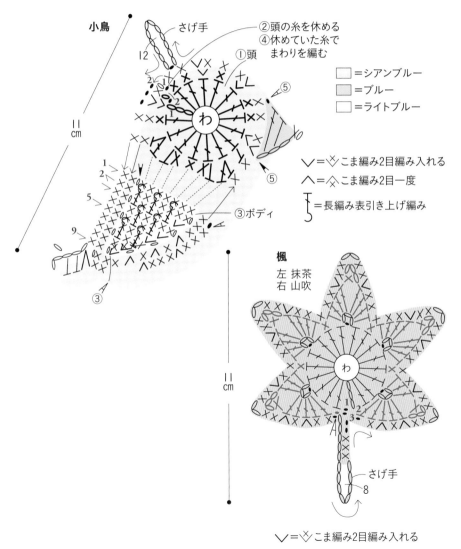

小鳥

さげ手
12

②頭の糸を休める
④休めていた糸で
　まわりを編む

①頭

⑤

□=シアンブルー
▨=ブルー
□=ライトブルー

11cm

②
1
1
2

わ

⑤

⑤

③ボディ

∨=⋎ こま編み2目編み入れる

∧=⋏ こま編み2目一度

⌡=長編み表引き上げ編み

1
2

5

9

③

③

楓
左　抹茶
右　山吹

わ

11cm

1　2
3

さげ手
8

∨=⋎ こま編み2目編み入れる

149

かぎ針編みの基礎

［編み目記号］

くさり編み ⬭ ∞∞∞∞

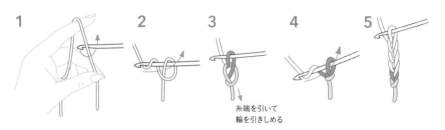

1 **2** **3** **4** **5**

糸端を引いて
輪を引きしめる

こま編み ✕ ⨯⨯⨯⨯⨯⨯⨯⨯⨯⨯

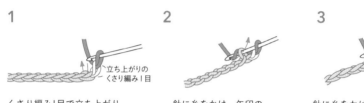

1 **2** **3**

くさり編み1目で立ち上がり、
作り目の1目めをすくう

針に糸をかけ、矢印の
ように引き出す

針に糸をかけ、針に
かかっているループを
一度に引き抜く

4 **5** **6**

1目でき上がり。
こま編みは立ち上がりの
くさり編みを1目に数えない

2目めからは立ち上がりの
くさり編みを編まずに
1～3を繰り返す

※頭とは、編み目の上にある
　2本の糸のこと。柱は頭の
　下側のこと。足とも呼ぶ

引き抜き編み ● ⫯⫯⫯⫯⫯⫯⫯⫯⫯

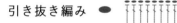

1 **2** **3**

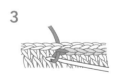

前段の目の頭をすくう

針に糸をかけ、一度に引き抜く

1、2をくり返し、編み目
がつれない程度にゆるめ
に編む

中長編み

1

くさり編み2目で立ち上がる。
針に糸をかけ、作り目の2目め
をすくう

立ち上がりの
くさり編み2目

2

針に糸をかけ、矢印のように
くさり編み2目分の高さまで
引き出す

3

針に糸をかけ、針に
かかっているループを
一度に引き抜く

4

1目でき上がり。立ち上がり
のくさり編みを1目に数える

5

2目めからは立ち上がりの
くさり編みを編まずに
1〜3を繰り返す

6

長編み

1

くさり編み3目で立ち上がる。
針に糸をかけ、作り目の2目め
をすくう

立ち上がりの
くさり編み3目

2

針に糸をかけ、矢印のように
1段の高さの半分から2/3くらい
まで引き出す

3

針に糸をかけ、
1段の高さまで引き出す

1

4

針に糸をかけ、針にかかって
いるループを一度に引き抜く

2

5

1目でき上がり。立ち上がり
のくさり編みを1目に数える

6

2目めからは立ち上がりの
くさり編みを編まずに
1〜4を繰り返す

長々編み

1

くさり編み4目で立ち上がる。
針に糸を2回かけ、作り目の
2目めをすくう

2

針に糸をかけ、矢印のように
I段の高さのI/3から半分くらい
まで引き出す

3

針に糸をかけ、
2つのループを
引き抜く

4

針に糸をかけ、
2つのループを引き抜く

5

針に糸をかけて残りの2つの
ループを引き抜く

6

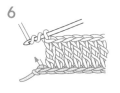

2目めからは立ち上がりの
くさり編みを編まずに
1〜5を繰り返す。
立ち上がりのくさり編みを
I目に数える

こま編み2目編み入れる

1

こま編みをI目編み、
同じ目にもう一度編む

2

I目増える

長編み2目編み入れる

1

長編みをI目編み、
同じ目にもう一度
針を入れる

2

長編みを編む

3

I目増える

※編み入れる目数が異なる場合も、同じ要領で編む

中長編み2目編み入れる

1

中長編みをI目編み、同じ目に
もう一度針を入れて中長編み
を編む

こま編み2目一度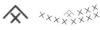

1

I目めの糸を引き出し、
続けて次の目から糸を
引き出す

2

針に糸をかけ、針にかかって
いるすべてのループを一度に
引き抜く

3

こま編み2目がI目になる

長編み2目一度

1

未完成の長編みを編み、
次の目に針を入れて糸
を引き出す

2

未完成の長編みを編む

3

2目の高さを揃え、
一度に引き抜く

4

長編み2目がI目になる

長編み3目一度

2目一度の要領で
未完成の長編み3目を一度に編む

※目数が異なる場合も、同じ要領で編む

── 未完成の編み目 ──

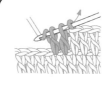

※記号の編み目の最後の
引き抜く操作をしない、
針にループを残した状態を、
「未完成の編み目」という。
2目一度、3目一度や玉編み
などを編むときの操作の途
中で使う。

（長編み2目一度の場合）

こま編みのすじ編み ✕

1

前段のこま編みの頭の
向こう側のI本だけを
すくい、針に糸をかけて
引き出す

2

こま編みを編む

3

前段の目の手前側のI本の
糸が残ってすじができる

こま編み表引き上げ編み

1

矢印のように針を
入れ、前段の柱を
すくう

2

針に糸をかけ、こま編みより長めに糸を引き出す

3

4

こま編みと同じ
要領で編む

5

でき上がり

こま編み裏引き上げ編み

1

向こう側から矢印のように
針を入れて前段の柱をすく
い、糸をゆるめに引き出す

2

こま編みと同じ要領
で編む

3

でき上がり

長編み表引き上げ編み

1
針に糸をかけ、前段の
柱を矢印のように表側
からすくう

2

針に糸をかけ、前段の
目や隣の目がつれない
ように長めに糸を出す

3

長編みと
同じ要領で編む

4

でき上がり

長編み裏引き上げ編み

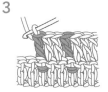

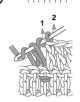

1
針に糸をかけ、前段の柱を矢印のように裏側からすくい、長めに糸を引き出す

2
長編みと同じ要領で編む

3
でき上がり

中長編み3目の玉編み

1
針に糸を入れ、矢印のように針を入れ、糸を引き出す（未完成の中長編み）

2
同じ目に未完成の中長編みを編む

3
同じ目に未完成の中長編みをもう1目編み、3目の高さを揃え、一度に引き抜く
※目数が異なる場合も同じ要領で編む

長編み3目の玉編み

1
長編みの途中まで編む（未完成の編み目 p.153参照）

2
同じ目に未完成の長編みを編む

3
同じ目に未完成の長編みをもう1目編み、3目の高さを揃え、一度に引き抜く
※目数が異なる場合も同じ要領で編む

中長編み3目の変形玉編み

1
中長編み3目の玉編みの要領で針に糸をかけ、矢印のように引き抜く

2
針に糸をかけ、2本のループを一度に引き抜く

3

※目数が異なる場合も同じ要領で編む

長編み5目のパプコーン編み

1

同じ目に長編みを5目
編み入れる

2

針を抜き、矢印のように
1目めから入れ直す

3

矢印のように目を引き出す

4

 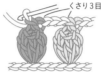

くさり3目

針に糸をかけ、くさり編みの要領で
1目編む。この目が頭になる
※編み入れる目数が異なる場合も
　同じ要領で編む

╲╲╲ と ╲╲╲ の区別

根元が ついている場合	根元が 離れている場合
前段の1目に 針を入れる	前段のくさり編みの ループを束にすくう

くさり3目のピコット

1

くさり
3目

くさり編みを3目編む。
矢印のようにこま編みの頭
半目と柱の糸1本をすくう

2

針に糸をかけ、全部の糸を
一度にきつめに引き抜く

3

引き抜き編み

でき上がり。
次の目にこま編みを編む

全目の巻きかがり　チェーンつなぎ

編み地を合わせ、こま編みの
頭2本を1目ずつすくっていく

1

編み終わりの目の糸を
引き出し、針に通して
編み始めの目に通す

2

図のように針を通し、
裏側で糸の始末をする

╱ ＝糸をつける
╱ ＝糸を切る

モチーフのつなぎ方

引き抜き編みで編みながらつなぐ方法

1

1枚めのモチーフに針を入れ、
引き抜き編みをきつめに編む

2

← 引き抜き編み

くさり編みを編む

3

引き抜き編みでつながった
ところ。続けて編み進む

こま編みで編みながらつなぐ方法

1

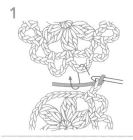

2

こま編みを
編む

3

← こま編み

編み込み模様の編み方

編みくるむ方法

1

休ませていた糸を沿わせ、
編みくるみながら編む

2

糸を替えるときは、
1目手前の目を引き
抜くときに配色糸と
地糸をかえる

色の替え方（輪編みの場合）

1

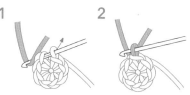

2

色を替える手前の目の最後の糸を引き抜く
ときに、新しい糸にかえて編む

糸を交差させる方法

1

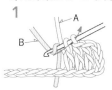

A
B

未完成の長編みを編み、
A色の糸を向こう側に
休ませてB色に替える

2

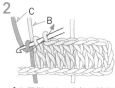

C
B

1と同様にしてC色に替える

3

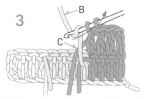

B
C

2段め。C色を編み地の手前側（裏側）に
休ませ、B色が上になるように替える。
裏側は同じ方向に交差する

157

引き抜き編みで複数のモチーフをつなぐ方法

1 2枚めのモチーフの最終段を編むときに、角まで編んだら1枚めのモチーフの角のループに矢印のように針を入れる。

2 糸をかけて引き抜く。続けて右下の角まで編み進む。

3 右下の角まで編んだら、1枚めのモチーフのくさり編みのループに矢印のように針を入れて引き抜く。

4 角がつながった。

5 長編み3目を編む。

6 1枚めのくさり編みを束にすくって引き抜きながら編み進む。

7 続けて編み進む。

8 最後は立ち上がりのくさり編み3目めに引き抜く。

158

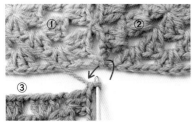

9 3枚めのモチーフは1枚めと2枚めのモチーフをつないだ引き抜き編みの柱2本に針を入れる。

10 針に糸をかけて引き抜く。

11 3枚めの角がつながった。

12 同じ要領で1枚めとつなぎながら編み進む。

13 4枚めのモチーフも2枚めの引き抜き編みの柱2本に針を入れる。

14 針に糸をかけて引き抜く。

15 4枚めの角がつながった。続けて3枚めとつなぎながら編み進む。

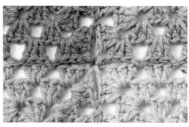

16 4枚がつながった。つなぎ目が1カ所に集まって安定する。

作品デザイン	遠藤ひろみ
	岡本啓子
	風工房
	河合真弓
	サイチカ
	橋本真由子
	松本かおる
	lunedi777
プロセス指導	河合真弓
製作協力	宇野知子
	宮崎満子
ブックデザイン	渡部浩美
撮影	有賀 傑 (カバー、口絵)
	中辻 渉 (プロセス)
スタイリング	澤入美佳
トレース	大楽里美
	沼本康代
編集協力	金井扶佐子　善方信子
編集	佐藤周子　楠本美冴 (リトルバード)
編集デスク	朝日新聞出版 生活・文化編集部 (森 香織)
撮影協力	AWABEES　03-5786-1600

この本の作品はハマナカ手芸手あみ糸、ハマナカ
あみあみ両かぎ針ラクラクを使用しています。
糸、針については下記へお問い合わせください。

ハマナカ株式会社
〒616-8585
京都市右京区花園薮ノ下町2番地の3
Fax 075-463-5159
info@hamanaka.co.jp
http://hamanaka.co.jp

印刷物のため、作品の色は実物と多少異なる場合
があります。ご了承ください。
※材料の表記は2021年11月現在のものです。

かぎ針で編む　モチーフ106

編　著　朝日新聞出版

発行者　片桐圭子

発行所　朝日新聞出版
　　　　〒104-8011　東京都中央区築地5-3-2
　　　　電話　(03)5541-8996(編集)　(03)5540-7793(販売)

印刷所　図書印刷株式会社

©2021 Asahi Shimbun Publications Inc.
Published in Japan by Asahi Shimbun Publications Inc.
ISBN 978-4-02-334046-6